广东专业镇创新网络

周宇英 编著

华南理工大学出版社
·广州·

图书在版编目（CIP）数据

广东专业镇创新网络/周宇英编著. —广州：华南理工大学出版社，2017.11
ISBN 978 – 7 – 5623 – 5471 – 0

Ⅰ. ①广… Ⅱ. ①周… Ⅲ. ①城镇 – 发展 – 研究 – 广东 Ⅳ. ①F299.21

中国版本图书馆 CIP 数据核字（2017）第 284099 号

广东专业镇创新网络

周宇英　编著

出 版 人：卢家明
出版发行：华南理工大学出版社
　　　　　（广州五山华南理工大学 17 号楼，邮编 510640）
　　　　　http://www.scutpress.com.cn　E-mail:scutc13@scut.edu.con
　　　　　营销部电话：020 – 87113487　87111048（传真）
策划编辑：詹志青
责任编辑：朱彩翩
印 刷 者：广州市天河穗源印刷厂
开　　本：850mm×1168mm　1/32　印张：6.5　字数：167 千
版　　次：2017 年 11 月第 1 版　2017 年 11 月第 1 次印刷
定　　价：33.00 元

版权所有　盗版必究　　印装差错　负责调换

前　言

在经济全球化和知识经济的今天，产业集群发展已经成为我国区域经济发展中的亮点，产业集群所表现出来的竞争优势日益凸显，构建创新网络是产业集群发展的重要内容。专业镇是产业集群在广东的重要经济形态。自2000年广东省科技厅实施"专业镇技术创新试点"以来，经过十多年的建设，专业镇取得了显著的成效。截至2015年底，全省399个专业镇，创造了2.77万亿元的GDP，占全省GDP的38%，成为广东区域经济增长的重要引擎。但是，目前广东专业镇创新网络仍然处于一种比较初级的网络形态，创新网络缺乏核心主体对各创新主体进行协调，对各创新主体的创新资源进行整合和交互，各创新主体之间的联系比较微弱。十多年来，针对专业镇和区域创新网络发展的理论和实践研究，国内学者做出了有益的探索，对专业镇创新网络建设具有重要的指导意义。但是从全省角度对专业镇发展所需的创新网络建设的研究则相对还不充分，尤其是专业镇创新网络如何促进各创新主体在合作中结成持久的稳定关系和网络形成后的运行等问题并没有充分研究。

本书是广东省生产力促进中心承担广东省重点软科学研究计划项目"广东专业镇创新网络建设研究"

（2012B070200005）的主要研究成果。本书依据产业集群和区域创新网络理论，运用对比分析、系统分析等方法，在已有的创新网络理论的基础上结合专业镇发展进行新的理论和实践探索，重点关注广东专业镇创新网络构建和运行过程，着重从全省角度，对专业镇的创新网络建设经验进行总结，提出目前专业镇创新网络发展已经进入了"云模式"的发展阶段，理解并利用这一阶段的特点去促进专业镇创新升级，无疑具有重要的意义。本书共有七章：

第一章，绪论，介绍本书的研究背景、研究意义、研究内容与方法。

第二章，系统地阐述了专业镇创新网络建设理论基础，分析了国内外典型区域创新网络建设经验，为广东专业镇创新网络建设提供参考。专业镇创新网络的理论来源于产业集群和区域创新网络，同时国内外在产业集群创新网络建设上已经积累了非常典型的经验，这些给广东专业镇创新网络建设提供了很好的参考，推动专业镇创新网络建设在借鉴已有理论与实践经验的基础上结合自身特色进行。

第三章，在分析广东专业镇发展与广东区域创新网络建设的基础上，对本书研究的广东专业镇创新网络概念进行界定：是指全省专业镇区域内的创新网络，而不是专业镇某一产业集群创新网络。通过分析其特征、基本架构和主要结点关系可以看出，具有广东专业镇特色的创新网络已初步形成。其主要特征是：区域性、产业集聚性、动态性、开放性、产学研结合；

主要结点是：企业、高校和科研机构、政府、中介服务机构与金融机构五个方面。

第四章，阐述了广东专业镇创新网络构建与运行过程，分析了广东专业镇创新网络的构建方式、结网过程、网络形成过程中需建立的连接机制和运行过程，并对广东专业镇创新环境与存在问题进行分析，探索新时期推进专业镇创新网络建设的方向。广东专业镇创新网络构建方式主要有：产产网络、产学研网络、政产学研网络、政产学研中网络、政产学研中金网络等方式；结网过程分为三个阶段：整合创新资源、合作行为建立、共同文化的营造；连接机制包括合作动力机制、协调机制和利益分配机制。

第五章，研究了依托生产力促进体系构建广东专业镇创新网络的"云模式"的架构。分析了广东专业镇创新网络形态演变阶段：产产生产网络阶段、政产学研技术创新网络阶段、广东专业镇"云模式"创新网络阶段。提出目前专业镇创新网络发展已经进入了"云模式"的发展阶段。依托生产力促进体系构建广东专业镇创新网络"云模式"基本架构，包括交互中心、资源中心、专业镇创新驿站、加盟单位和服务体系。

第六章，分析了依托生产力促进体系构建广东专业镇创新网络"云模式"的运行过程，其主要结点是：支援中心、企业、高校和科研机构、政府、中介服务机构与金融机构六个创新主体，并对创新主体之间的相互关系进行分析。根据调查以及"云模式"运行的分析，我们能够看到"云模式"是如何改变专业镇创新网络运作的。

第七章，提出加快广东专业镇创新网络建设的政策建议。通过实施专业镇创新网络"云模式"工程、专业镇产业协同创新体系建设工程、农业专业镇企业下乡工程、专业镇科技金融创新服务网络建设工程、专业镇支援中心服务提升工程等政策建议，对于完善区域创新体系建设，促进建设创新型广东，具有重要意义。

本书的完成，离不开广东省科技厅相关领导的指导与支持；在调研过程中，得到专家、各地市县区科技部门和专业镇的支持；在撰写过程中，得到广东省生产力促进中心领导、创业服务部和企业发展部各位同事的帮助和支持，在此一并表示衷心的感谢！由于本人水平所限，书中的遗漏和不足在所难免。希望各位读者提出宝贵意见和建议，共同推动专业镇创新网络的发展。

周宇英
2017 年 8 月

目　录

第一章　绪　论 ……………………………………… 1
一、研究背景 ……………………………………… 1
二、研究意义 ……………………………………… 2
　（一）广东专业镇创新网络在推动广东经济中发挥了重要的作用 ……………………………… 2
　（二）广东专业镇创新网络是广东专业镇转型升级的关键 ……………………………………… 3
　（三）加强专业镇创新网络的理论研究势在必行 ……………………………………………… 4
三、研究内容与方法 ……………………………… 5
　（一）研究内容 ………………………………… 5
　（二）研究方法 ………………………………… 6
　（三）创新之处 ………………………………… 7

第二章　专业镇创新网络建设的理论基础 ………… 8
一、专业镇创新网络的相关理论 ………………… 8
　（一）产业集群相关理论 ……………………… 8
　（二）区域创新网络基本理论 ………………… 12
　（三）产业集群创新网络理论启示 …………… 24
二、国内外典型集群创新网络建设经验 ………… 26
　（一）国外代表性产业集群创新网络建设 …… 26
　（二）国内代表性产业集群创新网络建设 …… 32
　（三）国内外创新网络实践启示 ……………… 38

第三章　广东专业镇发展与创新网络建设 ………… 40
一、广东区域创新网络建设 …………………………… 40
（一）广东区域创新网络的框架 ……………………… 40
（二）广东区域创新网络的主要结点及联结关系
………………………………………………………… 41
（三）广东典型创新网络形态 ………………………… 46
二、广东专业镇建设 …………………………………… 51
（一）广东专业镇定义及特征 ………………………… 51
（二）广东专业镇发展历程 …………………………… 53
（三）广东专业镇类型 ………………………………… 54
（四）广东专业镇建设成效 …………………………… 58
（五）广东专业镇技术创新网络的初步建设 ………… 60
三、广东专业镇创新网络建设 ………………………… 64
（一）广东专业镇创新网络的概念 …………………… 64
（二）广东专业镇创新网络的特征 …………………… 64
（三）广东专业镇创新网络基本架构 ………………… 66
（四）广东专业镇创新网络主要结点关系 …………… 69

第四章　广东专业镇创新网络构建与运行 ………… 70
一、广东专业镇创新网络构建方式 …………………… 70
（一）产产网络 ………………………………………… 70
（二）产学研网络 ……………………………………… 71
（三）政产学研网络 …………………………………… 73
（四）政产学研中网络 ………………………………… 75
（五）政产学研中金网络 ……………………………… 77
二、广东专业镇创新网络各结点的结网过程 ………… 78
（一）创新资源的整合 ………………………………… 79
（二）合作行为的建立 ………………………………… 80
（三）共同文化的营造 ………………………………… 81

三、广东专业镇创新网络连接机制 ……………… 82
  （一）合作动力机制 ……………… 83
  （二）协调机制 ……………… 84
  （三）利益分配机制 ……………… 85
四、广东省专业镇创新网络的运行 ……………… 85
  （一）运行模型的建立 ……………… 85
  （二）输入要素分析 ……………… 86
  （三）运行机制分析 ……………… 87
  （四）运行效益分析 ……………… 88
五、广东专业镇的创新环境与存在的问题 ……………… 90
  （一）各创新主体合作层次需要提升 ……………… 91
  （二）高校、科研机构对科技支撑引领产业转型升级要求不相适应 ……………… 92
  （三）金融机构与政府、企业合作应更密切 ……………… 92
  （四）政府宏观协调有待加强 ……………… 93
  （五）中介服务机制有待提升 ……………… 93
  （六）合理的产学研利益分配机制亟须探索建立 ……………… 94

第五章　广东专业镇创新网络"云模式"的构建
……………… 95
一、广东专业镇创新网络形态演变阶段 ……………… 95
  （一）广东专业镇的产产生产网络阶段 ……………… 95
  （二）广东专业镇的政产学研技术创新网络阶段 ……………… 96
  （三）依托生产力促进体系构建广东专业镇"云模式"创新网络阶段 ……………… 99

二、广东专业镇创新网络"云模式"的基本架构 … 101
  （一）"云创新模式"的提出 …………… 102
  （二）基本架构 …………………………… 103
  （三）网络平台构建 ……………………… 112
  （四）资源中心构建 ……………………… 120
  （五）专业镇创新驿站构建 ……………… 123
  （六）服务体系构建 ……………………… 126

第六章　广东专业镇创新网络"云模式"的运行
………………………………………………… 134
一、企业 …………………………………………… 134
  （一）企业创新与区域之间的网络关系 … 135
  （二）企业与供应商之间的网络关系 …… 135
  （三）企业与客户之间的网络关系 ……… 136
  （四）企业与同行企业（竞争对手）之间的网络
     关系 …………………………………… 137
  （五）企业与企业之间的非正式网络 …… 137
  （六）企业外部网络关系的测度 ………… 138
二、高校、科研机构 ……………………………… 139
  （一）高校、科研机构对专业镇的创新作用 …… 139
  （二）高校、科研机构与其他创新主体之间的网络
     关系 …………………………………… 142
三、政府 …………………………………………… 143
  （一）产业科技规划引导 ………………… 143
  （二）各种优惠政策的扶持 ……………… 144
  （三）资金的扶持 ………………………… 145
  （四）其他方面的服务 …………………… 146
四、中介服务机构 ………………………………… 146
  （一）专业镇公共创新服务平台的发展 … 147

（二）中介机构与其他创新主体之间的网络关系
　　　　 ································· 149
五、金融机构 ····································· 151
六、支援中心 ····································· 152
　　（一）广泛集聚科技资源，促进资源共享和交互
　　　　 ································· 152
　　（二）建立和完善服务体系，扩大辐射效应 ····· 153
　　（三）完善服务功能，为专业镇企业、政府提供
　　　　专业化综合服务 ························ 158

第七章　加快广东专业镇创新网络建设政策建议
　　　　 ································· 167
一、实施专业镇创新网络"云模式"建设工程 ······ 167
　　（一）加快建设专业镇产学研资源云共享机制
　　　　 ································· 168
　　（二）积极规范专业镇云服务终端平台建设标准
　　　　 ································· 168
　　（三）落实专业镇云服务人才培养计划 ········· 168
　　（四）积极引导专业镇企业建设云工作平台 ····· 169
二、实施"专业镇产业协同创新体系"工程 ········ 169
　　（一）构建专业镇产业协同创新示范体系 ······· 170
　　（二）开展专业镇产业协同创新示范体系培训
　　　　 ································· 170
　　（三）引导专业镇产业协同创新示范体系升级
　　　　 ································· 170
三、实施"农业专业镇企业下乡工程" ············ 171
　　（一）开展农业专业镇企业下乡工程试点 ······· 171
　　（二）探索农业企业下乡产业领域 ············· 171
　　（三）探索专业镇土地流转制度创新 ··········· 172

（四）完善农村金融服务体系 …………………… 172
　　（五）带动技术、人才、现代经营管理理念、文化
　　　　　等下乡 ………………………………………… 172
四、实施"专业镇科技金融创新服务网络建设"工程
　　………………………………………………………… 173
　　（一）构建省级专业镇科技金融综合服务平台
　　　　　………………………………………………… 173
　　（二）建设镇级科技金融服务平台 ………………… 174
　　（三）完善专业镇科技金融业务链 ………………… 174
五、实施专业镇支援中心服务提升工程 ………………… 175
　　（一）加强专业镇资源中心创新资源整合力度
　　　　　………………………………………………… 175
　　（二）夯实专业镇基层服务站点服务能力基础
　　　　　………………………………………………… 175
　　（三）增强支援中心可持续发展能力 ……………… 176
　　（四）推动覆盖全省的专业镇创新网络支援体系
　　　　　建设
　　　　　………………………………………………… 176

附录一　广东省专业镇创新网络调查问卷 ………… 177
附录二　广东省专业镇创新网络调研企业名单 …… 187
参考文献 ……………………………………………… 189

第一章　绪　论

理论与实践证明，区域的特定产业发展，需要走集聚发展和创新发展之路。广东专业镇 10 多年来的实践表明，以企业为主体的创新网络发展，对产业发展起到了至关重要的支撑作用。专业镇发展的最重要经验之一，就是通过镇域产业集群创新网络的建设，激发企业市场活力和提高自主创新能力，提升专业镇产业竞争力。重新对专业镇创新网络的建设进行系统梳理，是本研究的核心任务。

一、研究背景

区域创新网络是指一定地域范围内，各个创新主体（如企业、高校科研机构、地方政府等）在彼此交互和协同创新过程当中，建立的各种相对稳定和促进创新的正式或非正式的关系总和。区域创新网络由网络中的结点，各结点之间连接形成的关系链条，网络中创新要素如资金、知识、信息、劳动力、技术等，以及其他创新资源组成。其中，创新网络的结点由企业、高校科研机构、政府、中介服务机构、金融机构五个方面组成。作为一种能促进创新的网络结构，区域创新网络突破了创新的旧模式，属于一种新型的技术创新模式。区域内各创新主体通过形成创新网络创造一个良好的区域创新环境，有利于促进区域经济社会发展。

近年来，在广东省委省政府的领导下，广东科技工作在全省的经济地位发生了翻天覆地的变化，从"配角和演员"向

"主力军和执行导演"转变。从 2008 年起,广东区域创新能力进入全国第一梯队,创新经济绩效和企业创新能力都领先全国。2012 年,广东区域创新能力综合排名全国第二,创新绩效排名全国第一,技术自给率达 68%,接近创新型国家 70% 的水平,全省基本进入创新型地区行列。广东已形成了有一定规模的创新网络。目前,广东的创新网络主要由企业、高校科研机构和政府等创新主体之间的技术、知识、资金、信息等创新要素交互组成,各创新主体通过各种正式或非正式的联系使创新资源相互整合和交互而形成纵横交错的网络结构。该网络已基本具备了一般区域创新网络的基本框架,具体表现在:企业发展已逐渐转移到依靠技术创新上去;政府积极参与、推进、协调创新活动;产学研合作有了较大的进展,高校科研机构正积极为创新活动提供强有力的科技、人才支撑;中介服务机构围绕技术创新构建强有力的支撑服务体系。目前广东典型区域创新网络主要有高新区创新网络、民营科技园区创新网络、专业镇创新网络等。

二、研究意义

(一)广东专业镇创新网络在推动广东经济中发挥了重要的作用

专业镇是 1990 年在广东出现的产业相对集中、产供销一体化、以镇域经济为单元的新型经济形态,是县域经济的重要支柱,是产业集群在广东的具体表现形式。10 多年来,广东省专业镇发展迅速,经济规模日益壮大,综合实力增强,取得显著成绩。专业镇经过 10 多年的建设发展,取得了令人瞩目的成果。截至 2013 年,经广东省科技厅认定有 363 个省级专业镇,主要分布在五金、皮具、服装、玩具、家电、家具、陶瓷、农业生产加工等传统产业，以及电子信息、生物制药、电子材料、现代物流、电子商务、旅游等新兴产业，实现生产总值2.05万亿元，占全省GDP 32.9%，其中超千亿专业镇7个，超百亿专业镇120个，专业镇已成为广东区域经济增长的重要引擎。目前广东专业镇的技术创新网络主要特点是以特色产业为基础，政府引导、企业参与，建设形式多样的专业镇技术创新平台，将国内外科技成果、人才、资金、技术、信息等向镇域内中小企业辐射。专业镇创新网络建设，加速了特色产业集聚，提高了企业自主创新能力和技术管理水平，推动了传统产业的转型升级，提升了镇域经济的竞争力，成为发展县域经济的新亮点。

(二) 广东专业镇创新网络是广东专业镇转型升级的关键

经过10多年的建设和发展，广东专业镇取得了显著成效，但是依然存在大而不强现象，自主创新能力弱，自主品牌少，产品附加值偏低，产业生态环境有待提升，转型升级任务还十分繁重。广东专业镇创新网络还是属于比较初级的形态，创新网络中缺乏核心主体对各主要结点的创新资源进行资源整合和相互交互，各创新主体之间的联系比较微弱。

目前专业镇依然是广东省传统产业的主战场，同时还是培育和发展新兴产业的沃土，加快专业镇转型升级不仅是关系到县域经济社会发展的关键问题，而且还是推动全省加快经济发展方式转变的重要抓手，因此对于推动全省经济转型升级取得根本突破具有决定性意义。同时专业镇是广东省创新活动最为活跃的区域之一，是广东省完善区域创新体系不可缺少的重要组成部分，对于提升广东省自主创新能力、促进科技成果转化和产业竞争力具有重要意义。因此，2010年以来，广东省委省政府将专业镇作为传统产业转型升级的重要抓手，制定了一系列促进专业镇转型升级的政策和措施，2012年省委省政府出台了《关于依靠科技创新推进专业镇转型升级的决定》（粤发〔2012〕11号）和《关于加快专业镇中小微企业服务平台建设的意见》（粤府〔2012〕98号），省财政一次性新增5亿元，用于设立专业镇中小微企业服务平台建设专项资金，专门支持专业镇中小微企业服务平台建设，促进专业镇转型升级。

广东专业镇转型升级的关键，就是要加快建设专业镇创新网络和完善区域创新体系，促进各创新主体有效地合作与协同创新，实现创新要素的有机整合与创新资源的科学配置，推动广东区域创新体系发展。

（三）加强专业镇创新网络的理论研究势在必行

目前国内外学者对区域创新网络的研究主要集中在对区域创新网络的概念、作用、特征、形成过程、绩效评价，以及对高新区、民营科技园区的创新网络尤其是对中关村区域创新网络进行实证研究。这些研究对专业镇创新网络建设有着重要的指导意义，但是由于理论相对概念化与理想化，未能充分结合专业镇发展实际与工作实际，因而需要在已有的创新网络理论的基础上结合专业镇发展进行新的理论与实践探索。

对于专业镇的研究主要侧重于专业镇的起源、形成和发展、形成条件、内涵和类型、作用、发展支撑条件、发展现状和对策等方面，其中2005年周海涛等人提出了专业镇技术网络的初步设想，其思路主要表现为：组建平台、构筑网络、强化职能、提升层次，并提出专业镇共生型和开放式的双环技术创新网络框架。但是这种技术创新网络概念是在围绕以专业镇创新平台建设为核心的前期经验总结提炼出来的，对于一个镇特定行业的发展有着十分重要的指导作用。2011年郑海涛等人提出广东产业集群创新网络演化路径是：依附于集群的关联网络、技术创新要素的外部植入、公共创新平台的支撑；并提出创新网络的升级方向：创新网络结构的演进、公共创新平台的提升、创新型企业家的引领。然而，从全省角度对专业镇发展所需的创新网络建设进行论述，则相对还不充分。特别是对跨区域、跨行业专业镇创新网络如何促进各创新主体在合作中结成持久的稳定关系和网络形成后的运行等问题，并没有充分研究。目前系统地研究广东专业镇创新网络从构建到运行整个过程的更是少之又少。

因此，开展广东专业镇创新网络建设研究，对广东专业镇创新网络概念进行界定，从系统的角度研究专业镇创新网络构建及其运行过程，对依托生产力促进体系构建广东专业镇创新网络的云模式进行实证研究，提出促进广东专业镇创新网络建设的政策建议。本书的研究，重点关注广东专业镇创新网络构建和运行过程，着重从全省角度，对专业镇的创新网络建设经验进行总结、研究，并提出目前专业镇创新网络发展已经进入了云模式的发展阶段。理解并利用这一阶段的特点去促进专业镇创新升级，无疑具有独特意义。这对于促进广东创新网络各创新主体进行有效的合作与协同创新，促进专业镇转型升级，推动广东区域创新体系发展，提升广东自主创新能力和产业核心竞争力，推动广东经济发展从要素驱动向创新驱动转变，具有重要意义。同时也为政府部门制定完善专业镇相关政策提供重要决策参考。

三、研究内容与方法

（一）研究内容

本书通过对产业集群、区域创新网络相关理论以及国内外典型创新网络建设经验的借鉴和对广东专业镇发展、广东创新网络建设的梳理基础上，对广东专业镇创新网络概念进行了界定，分析其特征、基本架构和主要关系链条；从系统的角度研究广东专业镇创新网络构建及其运行过程，分析其构建方式、结网过程、网络形成过程中需建立的连接机制、运行过程和专业镇创新环境存在的问题；并对依托生产力促进体系构建广东专业镇创新网络的云模式进行实证研究，分析了广东专业镇创新网络形态演变阶段，指出目前专业镇创新网络发展已经进入了云模式的发展阶段；研究了依托生产力促进体系构建广东专业镇创新网络云模式的基本架构及运行过程；提出了通过实施专业镇创新网络云模式工程、专业镇产业协同创新体系建设工程、农业专业镇企业下乡工程、专业镇科技金融创新服务网络建设工程、专业镇支援中心服务提升工程等加快广东专业镇创新网络建设的政策建议。

（二）研究方法

本书主要研究方法有：系统分析法、对比分析法、实证调研等。

1. 系统分析法

本书在研究中将所有专业镇看作一个创新系统加以理解，所以须将经济学、管理学、社会学、信息学与地理学的理论和方法相结合，才能够分析专业镇内各创新主体的相互作用。

2. 对比分析法

本书对比了国外三个代表性产业集群创新网络：美国硅谷、印度班加罗尔和欧盟"创新驿站"等；国内三个代表性产业集群创新网络：中关村科技园、上海研发平台、台湾新竹科学园区等。对其成功的建设经验进行了探讨，为广东专业镇创新网络建设提供有益的借鉴。

3. 实证法

本书对依托于生产力促进体系构建广东专业镇创新网络的"云模式"进行实证分析，并先后实地调研江门、汕头、东莞、梅州、中山、顺德区、惠州、肇庆等专业镇及部门企业，进行深入访谈和实地调研，掌握第一手的资料。

（三）创新之处

本书希望在前人研究成果的基础上，尝试进行一些创新，为广东专业镇创新网络的理论研究和实践发展做出应有的贡献。所以，本书主要在理论研究上进行一些创新，并结合实证分析寻求一些突破。主要创新之处如下：

（1）系统地阐述了广东专业镇创新网络的理论体系，包括其概念的界定、特征、基本架构和对主要结点关系，指出具有广东专业镇特色的创新网络已初步形成。

（2）系统地分析了广东专业镇创新网络的构建和运行过程，包括其构建方式、结网过程、网络形成过程中需建立的连接机制和运行过程，并对广东专业镇创新环境与存在问题进行分析，探索新时期推进专业镇创新网络建设的方向。

（3）提出广东专业镇创新网络形态三个演变阶段：产产生产网络、政产学研技术创新网络、云模式创新网络，指出目前专业镇创新网络发展已经进入了云模式的发展阶段，并对依托生产力促进体系构建广东专业镇创新网络"云模式"进行了实证研究，分析了广东专业镇创新网络"云模式"的架构和运行。

第二章 专业镇创新网络建设的理论基础

专业镇创新网络建设是实践性、政策性很强的工作。这项工作的有效推进，是建立在对相关理论的深刻理解以及国内外发展经验的充分借鉴上的。专业镇创新网络的直接理论来源于产业集群和区域创新网络。全球在产业集群创新网络建设方面已经有很多非常典型的经验，对广东专业镇创新网络建设起到很好的参考作用。广东专业镇创新网络建设一方面在借鉴已有的理论与实践经验的基础上推进，另一方面，广东专业镇创新网络也具有自己特有的发展问题与发展特色。应该说，对广东专业镇创新网络的理论思考不仅对专业镇本身十分重要，甚至对集群创新的理论发展，也有着独特的实践意义。

一、专业镇创新网络的相关理论

（一）产业集群相关理论

1. 产业集群的涵义

关于产业集群的定义，基于研究人员知识背景和研究角度的差别，国内曾经出现"簇群""小企业集群""产业区""新产业区""块状经济""专业镇"等叫法。在实际应用中，国内用得最多的是"产业集群"和"企业集群"。产业集群实质上是一种产业组织，属于经济学的研究范畴；而企业集群研究企业组织，属于管理学的研究范畴；产业集群中，除了企业之外，还存在专业商（协、学）会、高校和科研机构、金融机构等组织，还要研究他们之间的相互作用。

最早对产业集群开展研究的学者是19世纪末马歇尔（Marshall），他的产业区理论把大量相互联系的企业聚集在特定地方称为"产业区"（industry district）。他认为产业区是一个中小企业聚集的地方，区域内创新活动非常活跃，创新氛围相当浓郁，新方法、新思想、新技术、新工艺等新知识迅速地被接受和传播，各个中小企业之间建立了一个既竞争又合作的创新网络。他认为"产业区"具有以下六大显著特征：一是拥有与当地社区相同的价值观和创新环境；二是拥有大量的生产垂直或水平联系的企业群体；三是拥有最优的人力资源配置；四是产业区拥有不完全竞争市场；五是竞争与合作共存；六是拥有本地特色的金融系统。

韦伯1909年提出了较为完整而系统的产业区位理论，他从微观企业区位选择角度出发，研究了产业集聚形成因素，他认为企业要形成产业集聚需要通过两个阶段：第一阶段是低级阶段，主要通过企业扩张使工业集中；第二阶段是高级集聚阶段，企业通过完善其组织结构而地方集中化从而形成产业群。

波特在《簇群和新竞争经济学》中认为：产业集群是指在某一特定领域内互相联系、在地理位置上相对集中的企业和组织的集合。簇群包括一批对竞争起重要作用、相互联系的产业和其他机构，如提供零部件、机器和服务的专业化供应商和基础设施提供商。簇群往往还向下延伸到销售终端和客户，并从侧面扩展到生产辅助性产品的制造商，以及其他与产业相关的企业。最后簇群还包括政府、高校研究机构、标准的制定机构、人才培训中心等其他组织，他们提供专业化培训、教育、信息、研究和技术支持。

中国学者对产业集群进行了定义。如仇保兴认为小企业集群是根据专业化分工和协作，由一群独立又相互关联的小企业组建的组织，这种组织结构处于纯市场和行政机构之间，它比市场稳定但是比行政机构灵活。王缉慈认为产业群是在一个特定的产业领域内由一组在地理上临近又相互联系的公司和机构组成，具有共同性和互补性而联系在一起，具有专业化的特征。

2. 产业集群的类型

产业集群的类型主要依据产业组织形式、产业类型以及区域发展阶段不同来划分。

（1）产业组织形式

不同的产业区内，大量企业在集聚过程当中，形成不同的产业组织形式。一般来说，按产业组织形式的不同，产业集群可以分为三种类型：水平一体化、垂直分离和介于两者之间的垂直分离与水平一体化共存。

①水平一体化型：区域内的企业规模相对比较小，企业之间合作与交易关系是水平。这些区域内的企业集中于某一特定产品生产，区域内专业化分工协作的程度高，并因此形成合作网络。正常来说，区域内垄断企业较少。

②垂直分离型：在该地区，大量的中小企业围绕着一家或者多家大型企业进行配套协作。因为企业间地理接近和空间的集聚，企业间可采用计时生产与运输系统，大企业可以通过与区内便捷的供应商建立长期稳定合作关系，从而快速地组织研究开发、科学决策，迅速地应对市场环境变化，从而生产出高质量的产品，获得较高的国际竞争力。同时，中小企业通过与大企业建立密切合作，在为大企业提供零部件与转包生产的过程中，不断吸收大企业的知识外溢、技术和劳动力，不断提高自身的创新能力。

③垂直分离与水平一体化共存型：区域内存在几家或者几

十家大中型企业通过产业分工垂直关系，与作为分包商的其他小企业进行合作生产经营，而这些中小企业之间也存在水平合作关系。

（2）产业类型

按照区域内专业化生产的产业类型不同，产业集群可以分为传统产业的专业化生产区域和高新技术产业专业化生产区域。

①传统产业的专业化生产区域：这些地区主要以传统劳动密集型产业为主，如纺织、服装、鞋业、玩具、家具等技术含量相对较低的行业。在该地区内，企业规模不大，劳动力分工较精细，专业化水平较高，基本上所有的中小企业集中于一项产品或产品的某一部分，企业在紧密协作之上形成产业规模经济效应。这类产业区发展的历史文化背景相当特殊，多数是自发形成的，或是在区域发展中的一些偶然事件发生使其形成，又或是因为区域内具有丰厚的社会资本基础而使其形成。因此，区域内企业主之间的信任度较高，通常以非合约形式开展彼此合作，企业之间的交易成本和机会成本偏低。

②高新技术产业专业化区域：这类区域的发展是依靠当地的高校科研机构提供高素质人才、技术专家或科技成果，通过生产经营的企业在市场竞争中的分工与协作开展创新活动，并在此过程中形成了有利于新思想、新知识、新技术的快速扩散的创新氛围。产业主要以计算机、网络技术、新材料、新能源、生物技术等高新技术产业为主。根据形成与创新的机制不同，高新技术专业化区域可分为两类：一是自上而下依靠政府规划或政策引导而建设的高新技术区域，如台湾新竹工业园等；二是自下而上依靠企业或高校科研机构先期的研发及产业化，自发形成并获得政府资助而迅速成长起来，如美国硅谷等。

(3) 区域发展阶段

根据区域发展程度和发展阶段，产业集群可分为初始形成阶段、成长阶段、成熟阶段或形成区域创新系统阶段三种类型。在发展初期，随着区域内企业的不断诞生与发展或者区外企业的不断迁入，在区域内形成企业集聚。而在产业集群的发展过程中，为提高生产效率与经济效益，企业间进行专业化分工，不断提高专业化程度。随着企业间的专业化水平提升，企业间的交易频率不断增加和协作关系日益密切。企业之间在长期协作过程中逐步建立信任，有效防止机会主义的产生，降低交易成本。同时，企业与区域内的其他创新主体之间也通过协同创新建立了紧密合作的关系，结网而形成创新网络，实现区域内创新的良性循环。

（二）区域创新网络基本理论

1. 创新概念

创新概念首先由奥地利经济学家熊彼特在 1912 年出版的 *Theory of Economics Development* 论著中提出。熊彼特认为：创新是建立一种新的生产函数或供应函数，是指将一种新的生产要素与生产条件形成新组合引入到现有生产体系中，创新是一种内在因素，主要取决于企业家在现有生产手段的基础上，将现有的生产要素通过组合和破坏性创造，形成新的组合。创新包括五大方面内容：引进新产品，即产品创新；引用新技术，即工艺过程创新；开辟新市场；原材料的新供应；形成企业的新组织。随着研究的深入，创新被更广泛地理解为：产品创新、工艺创新、组织创新、市场创新以及体制、管理、文化创新。

自 20 世纪 80 年代以来，我国学者也对技术创新开展了深入的研究，清华大学傅家骥教授在其著作《技术创新学》中指出：技术创新就是企业家以商业利益为目标，抓住市场潜在机会，重新组织生产条件和生产要素，建立起效益更高和成本更低的生产系统，从而推出新产品、新技术，开辟新市场，获得新供应商或创立新企业，包含科技、组织、商业和金融等一系列活动的综合过程。

根据技术创新理论，技术创新经历了一个从线性创新模式到非线性创新模式的变化。线性创新模式指出，技术创新一般是"发明→开发→设计→中试→生产→销售"的线性过程。这种模式逐步被更加全面的非线性模式所代替，是因为线性模式忽视了创新过程的开放性和创新各阶段的关联性。非线性创新模式认为，创新过程发生在企业生产经营的各个方面，创新源泉延伸到供应商、客户和企业内部的市场化过程。创新不但存在于正式的研发活动，而且发生在生产经营过程中的每一环节中，还可以发生在企业与其供应商、客户和合作伙伴的合作过程中。从学者的研究可以看出创新是一种学习过程，表现为"干中学""用中学""相互作用过程中学习"等等，企业、政府、高校科研机构、中介服务机构、金融机构等组织之间形成的一种相互交流、相互学习协作的过程，即创新表现为一种网络化形式。

2. 网络概念

网络的概念源自20世纪60～70年代。英国的哈兰德认为，网络是一种纤维、金属线或其他相似物所形成网的结构。20世纪80～90年代，网络的概念被逐步用于地理学、社会学、组织学、经济学和管理学中。虽然不同领域的学者对网络研究有不同的观点，但他们都认为网络为创新主体之间不同形式的联系。随着研究的不断深入，出现了区域创新网络这一概念。根据层次不同，创新网络具有不同的含义：基于国家层面称为国家创新体系，区域层面称为区域创新网络，企业层面称为企业创新网络。我国大部分学者虽然把集群层面的创新网络称为"集群创新网络"或"集群式创新网络",但是集群创新网络并不等同于区域创新网络。其区别主要体现在如下方面。一是产业的不同。区域创新网络内拥有各种产业,而集群创新网络主要集中于某一种产业。二是地域范围的不同。区域创新网络可能会出现多个产业集群,由于各种原因,企业间所属的产业可能比较分散,产业之间联系比较弱,而集群创新网络集中于某一产业,企业之间联系紧密。因此,本书所研究的是广东专业镇的区域创新网络,而不是专业镇内某一产业集群创新网络。

3. 区域创新网络概念、特征和主要功能

(1) 概念

盖文启认为:区域创新网络是指一定区域内,企业、高校科研机构、政府及其个人等各创新主体在彼此交互和协同创新过程当中,相互建立起各种相对稳定和促进创新的正式或非正式的关系总和。研究表明,网络中创新活动是一个群体活动和分散决策的过程。当某一个新思想、新技术或新知识在网络某一结点产生之后,就会沿网络连线在整个网络中传递、扩散和流动。网络中创新参与者尤其是企业会根据不同信息、技术进行分析和处理,从而做出决策,进行有效整合和科学配置,并通过网络进行扩散和外溢。在此过程中,相关创新主体会及时做出反应和调节,在协同创新下不断催生网络式创新活动的诞生。从网络角度来看,区域创新网络被认为是在一定地理范围内各创新主体之间相互协作的一种组织模式。因此区域创新网络主要包括两方面内容。

一方面,区域创新网络是区域内正式的合作网络。区域内各企业在其设计、研发、生产、营销等生产经营活动过程中,有选择地与其他企业或创新主体建立长期稳定关系(主要是指区域内的产业链上下游之间的创新活动），如两个以上的企业通过合资、分包或者战略联盟等形式结成市场交易网络、供应商网络、分包商网络等；还有企业与高校科研机构在技术合作、知识扩散等创新活动过程中而形成产学研合作网络或者技术交易网络等，还包括企业与中介机构或其他组织结成的培训、政策扶持、信息等服务网络等。这种区域创新网络以编码知识的传递和扩散为主要表现形式。

另一方面，区域创新网络还包括各创新主体相互作用产生非正式关系。这种非正式网络往往是由相同社会文化背景下产生的人与人之间的社会网络关系，包括企业内部管理技术人员和生产一线工人之间的交流，企业家之间、企业内部员工与高校科研机构研究人员、政府官员等非市场交易活动过程中结成公共关系网络或人际关系网络，通常是在频繁交易或合作过程中，在彼此信任的基础上建立相对稳定的非正式关系网络。这种网络基于人与人之间的共同经历或相同社会文化背景以及彼此的信任基础上产生。在这种非正式网络中，知识往往是通过人与人之间非正式交流或频繁接触而传递与扩散，尤其是隐含经验类知识，有效地推动人力资本和知识的社会化过程，加快创新速度，提升区域竞争力。

（2）特点

区域创新网络特点可概括为：动态性、开放性、系统性、非中心化和本地化。

①动态性。由于创新网络中的各创新主体及其相互关系是发展的，网络中流动的生产要素如知识、技术、资金、信息、技术等也在不断改变，因此区域创新网络是一个不断发展变化的结果，具有动态性的特点。这种动态性又表现为两方面：

一是，由于区域外部条件的发展具有不确定性和不可预测性，当外部条件发生变化时，如新的竞争对手和相关产业企业进入或者消费需求改变，企业之间的关系随之改变，供应商和客户之间建立的网络联系也可能因此遭受破坏,机会主义产生,创新主体间的信任也随之下降。因此,为促使企业适应区域发展,各创新主体在传播与吸收消化新知识、新技术、新思想的过程中须适时变化,及时维护和更新网络联接,调整自身动态发展和创新,提高网络系统活力和外部适应能力,增强网络创新能力,扩大企业经济效益和提升区域竞争力。

二是,由于区域内新企业的不断产生、老企业或兼并或破产甚至消失、内外企业的迁入或者迁出等,网络中企业数量不断改变,因此网络中的各种联系也随之改变,或紧或松,甚至可能消失。如北京中关村地区,在短短的10多年的时间里,区内的企业总数从500家增加到4500多家,期间也有大批的企业死亡。美国硅谷地区每年也诞生数千家企业和死亡数百家企业。因此,网络的动态性还表现为网络中结点的不断变化。

②开放性。区域创新网络由区域内各创新主体协同创新而形成,但各创新主体之间连接不单单局限于本地内,尤其是区域内的企业,也不会局限于企业内或区域内的网络,而是在区域外寻求更多的合作伙伴,以扩大外部创新网络(如产学研合作、合作研发、委托开发、技术转让或分包等),通过区域间生产要素如劳动力、知识、技术、信息和资金等流动和扩散,获得区域外互补性资源和资产,开辟新市场。因此,区域创新网络在与外部连接中具有开放性。开放性表现为各创新主体自主调节网络连接的建立与中止、增强与减弱和网络边界的扩大与缩小。为了获取创新资源,网络需吸收新的创新主体,网络边界便扩大;假如某一网络连接变为无效的联系,特别是非正式契约联系,网络界限就会缩小。

③系统性。区域创新网络的发展是整体系统作用的结果。网络中某一项技术和产品的创新,获益的不仅仅是创新者本身,往往还通过企业间效仿或集体学习的方式在网络中快速传播,使区域内知识和技术积累增加,推动技术和产品的不断创

新。同时，系统性强的创新网络往往自我调节能力较强。即使是网络中的某一企业或少数企业兼并、破产或消失，也不会影响到网络的整体性。若区域创新网络在发展中不重视系统整合内外部创新资源，就无法保持区域竞争优势。如由于区域内创新网络的自我调节能力弱，美国波士顿128公路沿线的高新技术产业带随着数字设备公司、王安公司及通用数据公司等大企业的衰落，整个高新技术产业受到严重打击，被拥有完善区域创新网络的硅谷地区赶超。

另外，网络是否具有不断创新的可能性，不在于网络中各个创新主体同比例的获利情况，也不在于网络中关系力量短期强大，而在于合作的多方是否维持长久的关系，保持动态发展中的平衡性。所以，区域创新网络应该是一个相对稳定的系统。

④非中心化。研究表明，受主要经济控制的区域网络，往往会阻碍创新活动的产生。譬如某些老工业基地，虽然在发展之初，企业的集聚过程当中也存在企业外部联结网络组织形态，但由于这种形态是高度垂直的，区域内一个或多个大企业通过产业链协作配套控制其他小企业，小企业完全依赖大企业，导致小企业缺乏自主创新能力，加上僵化的管理体制，也阻碍创新活动产生，致使区域发展由于不适应外部市场环境变化而逐渐失去竞争优势，如德国的鲁尔工业区、中国东北老工业基地等。而在新产业区内的创新网络，由于具有非中心化特点，生产要素的双向流动，区内各创新主体可通过网络化实现平等的合作或资源互补。由于区域创新网络中不存在受经济控制的大企业，供应商与客户在长期合作过程中建立了信任基础从而形成了柔性合作关系。企业间既平等又独立，在交流与合作过程中，加快了知识、思想、技术和信息等创新资源流动和传播。区域内各创新主体间利用非中心松散网络联结，在传播知识、思想、信息和技术的同时，可以通过网络化协作减少市

场竞争与创新失败风险。

⑤本地化。区域内各创新主体是区域创新网络的主要结点,各创新主体在参与创新活动过程中都与区域内创新环境保持紧密联系和互动。创新网络需要注重本地化过程中根植性的培养,才能源源不断地从本地创新环境中吸取"营养"。企业获得丰富的社会资本,从而增强企业和网络创新能力和活力。但这种效应却是隐形的。有学者则指出,当技术、知识在本地化的时候,即便该区域内的相对价格比其他区域要高,但由于出现本地化的"学习效应",企业还是倾向于某一特定的区域内,使企业通过本地的学习和导入创新实现资本化,产生新的利润,形成较大竞争优势。因此,创新网络本地化是区域创新网络功能增强的关键环节。

(3) 主要功能

区域成功的关键是创新网络的形成。只有区域内各创新主体紧密联系,才能形成强大的区域竞争力。区域创新网络的主要功能包括:

①知识创新与扩散。区域创新网络将改变传统单向的知识创新模式,过去高校科研机构和学术社团独立开展研究并向社会公布自己新知识、新技术和新思想的方式将成为历史。一方面,因为创新网络的建立,加强了交流与合作,加速了知识更新;另一方面,由于企业生产活动需求,使科学研究活动更加广泛和深入,许多企业通过与高校科研机构建立紧密的产学研合作,对知识创新产生巨大的反作用力。

②资源的交流与共享。知识交流对于各创新主体的新思想和新知识传播与创新是非常重要的,而创新网络正好提供了这种促进知识流动正式或非正式的交流渠道。创新网络可以把企业创新活动连接到更广泛的创新系统中去,在地理空间上不断扩散,而不是集中在大企业、高校科研机构内部,而且通过企业间有效合作,减少企业间交易费用,使边际社会成本接近于

零,不断推动知识创新增值,推动创新在区域内扩散,提升产业集群的竞争力。

③创新主体的选择与优化。即网络的"新陈代谢"功能。对于一般的市场交易网络,仅仅作为信息传递的工具,而创新网络则通过各创新主体间的创新活动,使网络更具活力。不但对网络结点进行筛选,而且可以促使网络功能不断完善与优化。通过优胜劣汰,即部分结点不适应环境的改变或者竞争的需求,而被淘汰或者促使其改变功能,使网络创新功能不断加强。

4. 区域创新网络组成架构

区域创新网络组成主要由网络主要结点、网络中各个结点之间联结关系、各种创新要素(如资本、知识、劳动力和技术等以及其他创新资源)组成。

(1) 主要结点

如图2-1所示,区域创新网络中的主要结点包括企业、高校科研机构、政府、中介服务机构以及金融机构五个方面内容。

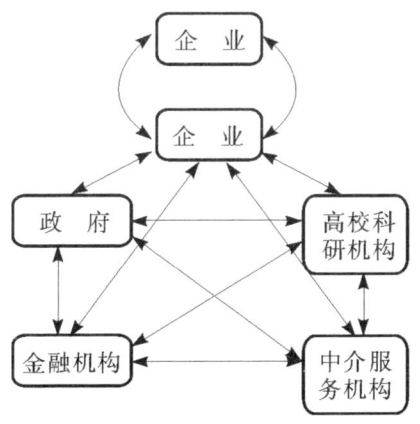

图2-1 区域创新网络主要结点

①企业：企业是创新的主体，在创新网络中发挥着主导作用。企业既包括产业垂直链条上下游企业，如供应商、客户、服务商、代理商等，还包括产业水平链条的竞争性、互补性和服务性企业；既包括数量众多的中小企业，也包括为数不多的大企业。企业往往是创新活动的发起者和资金的投入者，而且还会对高校科研机构的科技成果进行二次开发，实现科技成果市场化和产业化，实现网络的利益最大化，因此企业是实现创新增值最直接的创造者。开展企业与各创新主体之间的连接是创新网络研究的重点。

②高校科研机构：在知识经济时代，知识与技术日趋重要。高校科研机构作为知识与技术提供者，不单单创造新知识、新思想、新技术，还可以通过教育培训，完善先进的设施设备，整合庞大的科技成果资源，提供高素质人才，拓展科研场所和成果转移转化，促进知识、信息、技术等的扩散和知识的增值。区域内是否拥有高水平的高校科研机构，或者是否与高校科研机构建立紧密的合作关系，是区域创新网络创新功能能否持续提高的关键因素。

③政府：与企业、大学、研究机构不同，政府部门虽然不直接参与创新，却发挥了主导者的作用，主要体现在：营造区域创新环境、推动创新网络形成与发展、规范市场行为等方面。因此，政府部门在网络创新主体之间扮演推动者角色，并通过积极营造创新氛围，推动思想、知识、技术、信息的快速有效传递与扩散。

④中介服务机构：中介服务机构是指区域内提供专业社会化服务的机构，包括各种行业商（协、学）会、生产力促进中心以及律师、会计师事务所等中介组织，可为政府或半官方性质的机构、特定领域的专业服务机构等提供服务，这些服务机构大多依托于政府部门、高校科研机构、专业协会、咨询服务公司等。中介服务机构与政府部门一样，虽然本身并不直接

参与创新，但却在知识创新、成果转化方面发挥着桥梁和纽带作用，从概念设计、成果转化、产品研发、市场运作等企业成长和发展全过程提供服务，密切企业与其他创新主体的合作，形成一个复杂的创新网络。其主要形式分为两类：一是政府或半官方性质组织，主要依托于政府部门、高校等如生产力促进中心、技术创新中心、创业服务中心、企业孵化器、技术转移中心等。例如美国国家技术转移中心，主要为联邦实验室、大学和企业产业界提供联系，挖掘科研成果转化的机会，为科技成果转移转让提供一站式的增值服务。其研究经费主要来源于国家能源部、小企业管理局、航空航天局等政府部门。美国为了中小企业发展专门成立了小企业管理局、小企业发展中心和小企业信息中心，对中小企业技术创新和产业化提供无偿信息资源和技术支撑服务。根据企业发展不同阶段提供针对性服务，定制个性化的服务内容，在企业初创期，可为企业提供项目可行性分析、商业计划书撰写、项目融资服务、合作伙伴寻找等服务；在企业成长期，可为企业提供市场调研、信息咨询、科技研发、人才培训、技术转移和应用推广、融资担保等服务；在企业成熟期，为企业提供科技成果孵化、成果申报、技术转移、企业上市咨询和法律咨询等服务。二是特定领域的专业服务机构包括各类行业组织、专业协（商、学）会、律师、会计师事务所、咨询服务公司等，对特定技术发展、信息资源共享、创新要素流动与交互、人员培训、搭建平台等方面发挥着重要的作用。

⑤金融机构：从创新主体性质上看，金融机构本质上与中介服务机构是一类，可以归入中介服务机构结点来分析。但是在创新网络的实际发展中却发现，在发达的产业区内，金融机构更表现为空间的集聚，区域内基金公司、担保公司、风投机构、商业银行和证券市场等提供的金融资本直接影响到创新增值。研究表明，区域良好的银企关系，对企业成长和发展起到

十分重要的作用,大量风险投资机构通过贷款、担保和金融支持,为初创企业提供充足的风险资金和完善的金融服务,衍生了大量的科技企业,尤其是共享经济时代。

综上所述,各结点在创新网络的建设中具有不同的功能。企业直接参与创新活动,是创新的主要直接主体,处于创新网络中心地位。高校科研机构也直接参与创新,但是其知识、成果只有转化到企业才能实现价值。政府部门、中介服务机构和金融机构等为企业营造良好的创新氛围并提供服务,间接参与创新活动。

(2) 各结点间的关系

网络中各结点间的联结关系,是知识、资金、信息、劳动力和技术等创新要素传播、扩散和实现知识增值的重要途径。由于网络中各创新主体都可能与其他创新主体直接或者间接发生合作关系,因此网络中的各结点关系具有一定的复杂性,如图 2-2 所示。同时各结点的关系可分为显性关系和隐性关系。显性关系是指可观察到的物质关系包括劳动力、物品、服务、资金等,并在网络结点之间流动;隐性关系主要是指人与人之间正式或非正式交流活动中知识、信息等创新要素的流动。

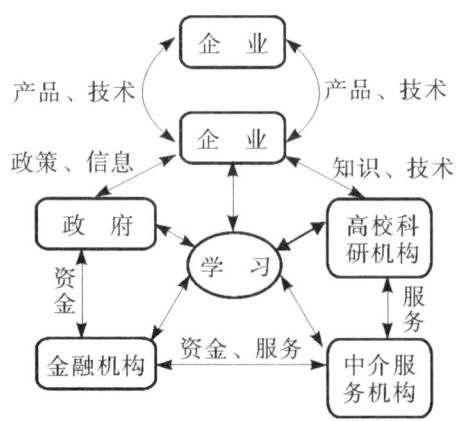

图 2-2 区域创新网络各结点关系

从企业的角度看，企业在网络中的关系是指企业与企业之间的联结关系，既包括产业垂直链条的上下游企业，也包括产业水平链条的竞争性、互补性和服务性企业之间发生的竞争与合作关系，企业与高校科研机构的合作关系，企业与中介服务机构的合作关系，企业与金融机构的合作关系，等等。其中，企业间的合作关系，是企业实现创新增值最重要的网络关系。随着知识经济时代的来临，知识和技术日趋重要，产学研合作关系也愈来愈显示出其价值。因此，对企业来讲，企业外部所结成的关系网络，是企业内部价值链在企业外部的延伸。一定的区域内，企业通过持续接触与合作交流，外部网络关系链条与其他企业或网络其他结点实现产品交易、知识技术信息交换等，增加企业与其他创新主体之间的协同与合作，进而密切各网络结点的联结关系。

作为创新网络推动者的政府部门，为了促进区域经济发展，在努力营造区域创新发展环境如公共基础设施建设，制定科技发展战略规划和相关政策、法律法规，增大投入等方面采取积极举措。并在此过程中，与区域内各创新主体建立起直接或间接的联结关系。一般来说，发达国家的政府部门与其他创新主体之间的联结关系以间接关系为主；在发展中国家，由于社会服务职能薄弱和政府部门强大的管理职能，政府部门与区域内其他网络结点特别是企业关系紧密，有时直接创办企业，有时直接参与各种创新活动。

中介服务机构处于科技与经济的中间环节，在为企业成长发展全流程服务过程中，分别与高校科研机构、金融机构、政府等机构建立网络联结关系并发挥着重要的桥梁和纽带作用。

在区域创新网络中，各网络结点联结关系形成的过程，实际上也是各创新主体之间的集体学习过程。正如汉克森（Hakansson）和斯涅何塔（Snehota）指出，网络关系的形成是在各创新主体之间,创新资源在参与创新活动中而建立的关系。因此,区域创新网络各结点关系也是各创新主体在参与创新活动中,通过创新要素在各创新主体间流动和扩散等而建立起来的关系。这些联结关系是各创新主体集体学习的过程,通过学习,各创新主体都从对方身上获得自身创新与发展所需的互补性的资源,如知识、信息、技术、资金等,从而不断提升自身的创新能力。

(三) 产业集群创新网络理论启示

产业集群创新网络的主要理论对专业镇创新网络建设具有直接的指导作用,应该说,10多年来广东专业镇发展,是产业集群创新网络理论指导下的独特探索。这其中有成功的经验,也有值得反思和提升的地方。总体上,我们需要从理论上坚持的主要观点为:

1. 创新网络建设的基础与目标是产业集群的竞争力与创新能力

创新网络的发展必须有所依托,这个依托并不是任意的,创新网络的发展,是在产业集群快速发展、产业集聚达到一定程度、企业对内对外的市场联系与创新联系日益密切的基础上诞生的。因此,创新网络是产业集群发展到较高阶段的产物,是产业集群创新发展的必然结果。

创新网络的发展也不是漫无目的的,更不能放任不管。创新网络的发展,必然围绕着地方产业的转型升级目标来提供相应的支持与服务。如果在培育创新网络的过程中,偏离了服务产业发展的主线,那么创新网络建设就会成为无源之水,空有创新资源汇集的架子,却没有促进产业发展的可持续性。这就是说,创新网络的升级发展,必须时刻与产业集群发展保持共同演化的密切关系,在互动中获得更大发展。

由于创新网络与产业集群之间存在紧密的互动联系，因此，创新网络的培育与发展程度，是衡量产业集群创新能力的基本维度。创新网络发展事关集群的转型升级整体战略，不可谓不重要。

2. 创新网络的活力来自以企业为核心主体的面向创新的合作行动

创新网络并不是固定不变的联系网络。当然，成熟的创新网络有一些相对联系比较密切的关系。但整体而言，创新网络是企业与相关创新主体间动态而密切的互动。创新网络并不是专门指计算机网络的连接，不是简单地指固定的供应关系，而是围绕着各种各样具体创新活动的动态合作网络。

创新网络中面向创新的合作行动，可能发生在各种网络各联结关系中，如企业上下游就生产标准进行研发、高校产学研合作解决企业创新难题、企业从公共创新服务平台中获取加工功能支持、政府与银行洽谈出台支持科技金融的有关政策、生产力中心建设面向全省的专业镇的创新支援中心等。这些合作行动，有个共同点，就是面向增强企业个体或行业整体的创新能力、提升产业集群整体效率与发展的可持续性。

3. 创新网络的拓展是集群内部与集群外部创新资源充分整合的结果

人们普遍认为，创新网络的建设需要与地方产业集群的发展建立密切的互动。但这并不意味着创新网络的发展便只能单纯依托本地集群内部的力量进行。从创新网络的连接特征与开放特征来看，创新网络的发展不仅不能过于受限于本地集群，反而应积极拓展与集群外部创新资源的密切联系。集群内部与外部联系的相互配合，方能让创新网络为产业发展起到更好的促进作用。

创新网络的发展，最重要的功能之一是为本地集群的升级创造良好的外部环境。随着产业集群的创新发展，本地创新资源往往不能支持集群企业的创新能力进一步提升。此时创新网络就需要重点发挥好开放联系与资源引入的作用。在创新的信息、技术、人才、项目等引进的同时，还需要依托创新网络进一步培育本地企业的创新能力。一个成熟发展的创新网络，必然能够充分激发集群内部与外部创新资源的活力，在密切互动中不断促进产业提升发展。

二、国内外典型集群创新网络建设经验

（一）国外代表性产业集群创新网络建设

国外代表性产业集群创新网络的例子有美国硅谷、印度班加罗尔以及欧盟"创新驿站"等。创新网络伴随着产业网络的发展同步提升。

1. 美国硅谷创新网络

作为美国第一个科技工业园区，硅谷主要依托斯坦福研究园发展起来，是美国现代高新技术产业的摇篮。它为美国乃至世界科技园区发展树立了榜样。自20世纪80年代至今，世界各国都在竞相学习和复制硅谷模式，以期短时间内打造一个高技术园区。硅谷内各创新主体间的联结关系主要表现在：

（1）企业间大规模交流与合作

①硅谷的分蘖机制扩大了网络规模。硅谷衍生中小企业的能力非常强，虽然这些企业以中小企业为主，但是这些衍生企业很多是从总公司或大学里裂变出来的，极具创造性，通过各种渠道与原来的企业或大学合作，共享信息和数据，同时这些衍生企业经过不断裂变又诞生出新的企业，不断循环，这种

"分蘖"机制导致了新企业不断诞生，不断扩大网络规模。无论这些企业是发展壮大还是破产消失，在竞争和合作的过程中，推动硅谷的不断创新和持续保持区域竞争优势。

②硅谷高技术产业的集聚力加强了集群内外企业间分工与协作。高新技术产业在地理上的集聚，使企业协作更便利，园区内企业抱团发展，通过专业化分工、联合采购、联合营销等方式与集群内同行企业竞争，推动单个企业不断发展。这种合作关系不仅存在于集群内部，也存在于集群之间。

③合作文化促进了企业间频繁的交流。"勇于冒险、宽容失败、鼓励合作"的创新文化造就了具有冒险创业精神、容忍失败、个人主义与合作精神共存的硅谷人。知识交流与共享渗透到硅谷每个角落，并迅速扩散。区域文化并非一成不变，而是通过组织不断重组，由于硅谷是一个移民区，企业与其他机构的边界很模糊，是开放的，可以自由地与当地机构开展各种形式的合作，使创新要素迅速组合，而这种利于创新的文化往往是别的园区难以复制的。

（2）企业与高校科研机构、金融机构建立紧密合作关系

①企业与高校科研院所之间。硅谷内拥有众多的世界一流高校和科研机构如斯坦福大学、加州大学伯克利分校、圣克克拉大学等，以及大量的高技术人才。硅谷模式成功因素之一在于高校科研机构与企业密切交流与合作，最大限度地发挥智力资本价值。硅谷内的高校热衷于衍生企业和参与本地产业合作，如2012年美国大学技术转移产生的衍生企业为705家，高校通过制订联盟计划，以技术咨询、技术转让和许可、合作开发、人才培养等手段来促进校企合作，反而与政府的关系并不密切。

②企业与风险投资之间。风险投资是企业发展的"金融发动机"。NASDAQ创业板市场为硅谷衍生企业搭建了一个自由发挥的舞台，硅谷也因此成为风险投资的天堂。硅谷风投机

构数量占美国一半以上，而且像许多高校如斯坦福大学等也积极参与风险投资，定期将一部分捐款投入到风险投资活动中去，因此培养了一大批素质高和经验丰富的风险投资家，不断加大对衍生企业的投入，促进新企业不断诞生。

（3）企业与其他网络结点间多样化的合作

①企业与政府之间低频度、低持久度联系。硅谷成功不是政府干预的结果而是一种创新能力和创新环境作用下的产物。政府的作用主要在于宏观政策和调控手段，行政和经济支持双管齐下，既有对产学研合作进行直接资助，也有间接通过出台成果转让等法律法规政策，建设制度环境，以法律的形式使合作的利益得到保障，使合作更顺畅。

②企业与其他中介机构之间的合作。硅谷之所以持续保持竞争优势，最为重要的一点就是它是一个扁平无边界网络，企业与各类服务机构无间开展合作。硅谷的中介机构为中小衍生企业提供了专业多样的创业服务，弥补了衍生企业发展过程中的不足，促使衍生企业迅速成长。

2. 印度班加罗尔创新网络

1990年，班加罗尔软件科技园经印度电子部获批成立，是印度最大的软件科技园区，也是全球重要软件外包中心，拥有5 000多家高科技企业，其中1 000多家为外国公司的母公司提供离岸外包，软件企业1 400多家，拥有GE、IBM、Microsoft、Oracle等全球知名公司，被誉为印度的"硅谷"。

（1）基于知识共享企业间密切合作

①融入全球产业价值链。班加罗尔软件产业成功的关键在于抓住全球产业转移机会，通过劳务输出的形式融入全球产业分工体系，开始园区以软件外包和加工出口为主在空间上进行地理集聚，形成全球最大的软件外包产业集群，逐渐向嵌入式软件、无线应用程序、电子商务等产业价值链高端发展，实现

了产业升级。

②知识共享文化促进了企业间的合作。印度崇尚集体主义和精神追求的文化，因此无论与合作企业还是与竞争对手之间的知识共享都成为企业间的一种默契。"导师制"学习模式有效地克服了隐性知识难以转移和扩散问题。组织内常常出现初学者向高手学习，高手向初学者传道解惑现象，组织间则通过参观调研、研讨会、进修等多种形式进行知识的分享与经验的传播。

③"联盟合作"促进了园区企业知识升级。班加罗尔软件园鼓励产业链上企业之间开展产业联盟形式合作，特别是与软件业知名企业之间的合作，促使知识外溢和知识增值，加速班加罗尔软件企业产业集聚和产业升级。

（2）企业与政府之间全方位关系

①正确定位，出台优惠政策。印度政府结合本地软件业比较优势确定了优先发展软件产业的战略，明确了"软件立市"定位，制定出台了一系列法律法规，如出台IT法案，为软件发展提供法律保障；完善软件行业发展的基础设施，如建立了可高速传输数据的微波通信网络SoftNET，建立了卫星基站作为印度唯一的网络操作中心，可通过微波中继和卫星地面站与国外用户联系；制定了从税收、投资、进出口、政府采购等较为完善的扶持措施，积极营造鼓励创新的发展环境，极大地促进印度软件产业的发展。

②大力发展风险投资业。1986年印度政府出台的《科技开发税条例》有力地推动了印度风险投资业发展。条例规定：所有引进项目需要征收研发税，并且将其中40%用于对风险基金的补贴；长期资本所得和红利所得全部免税，因此极大地吸引了海外投资者的加入，印度风险投资资金超过一半来自国外，有效地弥补了民间资本的不足。

③注重知识产权的保护。印度信息产业的发展也曾经出现盗版屡禁不止、知识产权屡遭侵犯等现象。印度政府十分注重

软件行业的知识产权保护工作,专门出台了信息技术法和版权法等法律法规,明确软件著作权的许可、使用和转让、侵权行为的法律责任等,为软件产业的稳步发展创造良好的法律环境。

(3) 校企之间的密切合作

班加罗尔之所以被称为印度"硅谷",主要是因为该地区是大学和科研机构的集中地,是印度科技研究的枢纽。该地区集聚了 10 多所综合性大学,如印度理学院和班加罗尔大学等,70 余所技术院校和近 30 多家研究机构。而班加罗尔同时又是印度航天、航空、电子、坦克和精密仪器的研究和生产基地,软件产业技术雄厚,为班加罗尔软件产业的迅猛发展打下了基础。高校与企业之间基于知识的无障碍交流与扩散,充分发挥了产学研合作优势。

(4) 班加罗尔软件园与硅谷之间的深度合作

班加罗尔软件园的成功还在于与硅谷的人缘、业缘和商缘联系,得益于拥有很多在美国留学、工作或移民的印度人,同时政府重视与海外沟通、鼓励印度软件企业与硅谷企业开展互动与合作,力争把园区打造成为硅谷的扩展区,促使园区发展与硅谷同步发展。虽然班加罗尔软件园与硅谷之间的交流与合作频繁,但是相比于台湾新竹,班加罗尔还是略逊一筹。

3. 欧盟"创新驿站"(Innovation Relay Center, IRC) 创新网络

1995 年,欧盟研发信息服务委员会出台了支持中小企业开展跨国技术转移合作的计划——欧盟创新驿站(见图 2-3),旨在促进欧盟跨国的中小企业技术转移合作。截至目前,已经形成了遍布 30 多个国家,包含了近 80 家创新驿站的网络,促成了 1 万多个技术转移合同签订,帮助了近 6 万个客户解决技术需求。这些创新驿站通过 Internet 信息互通、互相支

持，成为欧洲很重要和成功的科技中介网络。

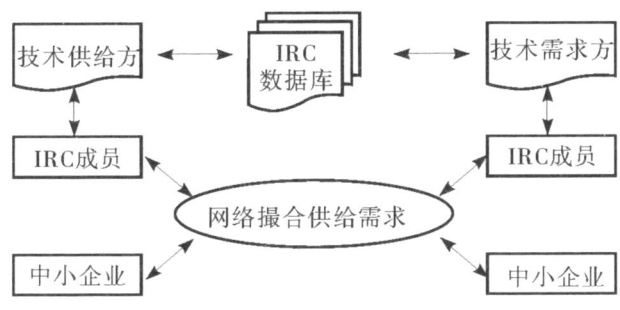

图2-3 欧盟创新驿站网络图

(1) 创新驿站任务

创新驿站的主要任务是支持欧洲各国的技术创新和跨国技术合作，促进企业技术需求与技术供给有效对接，为中小企业提供一系列专业社会化服务。主要包括以下内容：一是提供有关创新活动的相关信息；二是根据区域经济社会发展和产业发展需求，推动跨国跨地区技术转移；三是推动欧盟研究成果的跨国扩散、传播和外溢；四是寻求跨国合作伙伴，提高企业吸收新知识、新技术和新思想的能力。

(2) 创新驿站管理

创新驿站主要建在大学的技术中心、商（协）会、国家或区域创新发展机构等公共机构中。大部分的创新驿站建设采用合作建设，由欧盟提供45%~50%的建设经费，剩余部分由建设单位自行筹措。当各国的创新驿站确定后，他们被纳入现有的创新驿站网络。该网络由设在卢森堡的网络秘书处来协调。各国的创新驿站通过电子公告牌系统（BBS）相连接。各个国家都建有协调机构来负责创新驿站项目的实施和规范管理各创新驿站。一般来说，协调机构需仔细挑选，需具备以下的条件：一是在技术转移方面具有丰富经验，具备获取和研究信息的能力，鼓励企业采用新技术促进技术转移；二是具备项目研究、实施、技术开发活动的经验；三是具有在该国家或地区相关机构的工作经历。

（3）创新驿站运作模式

创新驿站的重要价值在于其跨国性和整体网络效应，这有赖于网络成员之间的良好沟通。创新驿站网络秘书处负责协调各创新驿站的活动，并制定了相关的服务规范和流程。服务主要分为以下几个步骤：一是拜访企业，了解需求，进行技术评估，提出建议；二是识别技术需求，通过网络寻求技术，识别新商机；三是技术被录入各国创新驿站网络数据库，寻找合作者；四是提供咨询和建议；五是帮助签订合同。

同时，创新驿站网络也在不断扩大网络规模效应，发展成为欧洲企业联盟（B2Europe）的成员，有效提高创新驿站向客户提供更有价值服务的能力。B2Europe 旨在通过为欧洲中小企业提供各种知识和服务，从而提高企业市场竞争力。

（二）国内代表性产业集群创新网络建设

1. 中关村的创新网络

中关村科技园区始建于 1988 年，是中国第一个国家高新区，同时也是中国第一个国家自主创新示范区，被誉为中国"硅谷"。经过 20 多年的发展，中关村已经发展成为"一区十园"的格局，集聚了 2 万多家高新技术企业，形成了移动互联网、生命健康、卫星应用和轨道交通等产业集群。

（1）产业链条上区域内企业之间、区域内外企业之间的密切联结

中关村科技产业园区起步于中关村"电子一条街"，最初企业的规模非常小，创新资源短缺。因此，多数 IT 企业从做国外知名计算机品牌的代理商开始，逐渐形成了研发和销售集

中在中关村内，而生产制造在中关村外的网络化生产模式。但是对中关村而言，链条却是断开的。因此，中关村在政府的支持与推动下，围绕特色产业关键核心技术和产业链上下游的合作组建了众多的产业技术创新联盟，极大地促进了企业的开放式创新与联合创新。

（2）政产学研紧密合作

和许多发达国家和地区建设高新产业园区的模式一样，中国政府在中关村的建设与发展过程中扮演着规划者和指导者的角色，对企业进行了较为广泛和直接的干预。中关村创新网络形成的一个重要原因是政府发挥主导作用。中关村地区是我国智力资源最为密集的地区，拥有以北大、清华为代表的40多所高等院校，以中国科学院、中国工程院、北京生物科学研究所为代表的200多家科研院所、100多所重点实验室、30余个国家工程中心、近60个国家工程技术研究中心。许多世界著名跨国公司都将研发中心设在中关村。经过不断探索和总结，中关村企业与高校科研机构之间建立了多种行之有效的合作模式，如共建研究中心，以双方资源的互补为基础，通过签订协议建立利益共享与风险共担机制。

（3）企业与风险投资机构之间的松散联结

中关村内风险投资体系依然是政府干预的产物。自20世纪90年代末以来，北京风投企业逐渐产生。这些风投机构或担保机构因主要出资者的政府背景，都具有很强的行政色彩。在高新技术产业发展初期这是政府为了扶持其迅速成长的必然选择。在政府的推动下，风投机构与企业之间的合作，尤其是与科技型中小企业之间的合作逐步增加。风投机构在为企业解决融资问题的同时，还为其引进先进的管理理念、管理方式等增值服务，更重要的是能够为其提供社会化网络资源。

2. 上海研发公共服务平台

2004年，上海市科委正式启动了上海研发公共服务平台建设。上海研发平台组成主要包括：科技文献服务、科学数据共享、仪器设备共用、资源条件保障、行业检测服务、试验基地协作、专业技术服务、技术转移服务、创业孵化服务、管理决策支持十个子系统，如图2-4所示，涵盖从基础研发、仪器设备共享到成果转化、技术转移转让、创业孵化和专业服务等各个方面的创新发展需求。经过10多年的发展，该平台已从最初的推动科技资源共享，扩展到促进各类创新资源的整合互动。通过建立网络平台、设立呼叫中心并开通创新服务热线、建立各类服务网点等多种服务方式，截至2009年，平台的注册用户累计超过22万，网站访问量累计超3000万人次，服务量累计1000多万人次，其中服务企业占70%，服务范围由最初的上海扩大到全国大部分省市，在海外也具有一定知名度和影响力。上海研发公共服务平台有效整合上海以及长三角地区科技资源，有力推动科技资源合理配置和资源共享，提升企业自主创新能力，促进区域创新网络的建设。

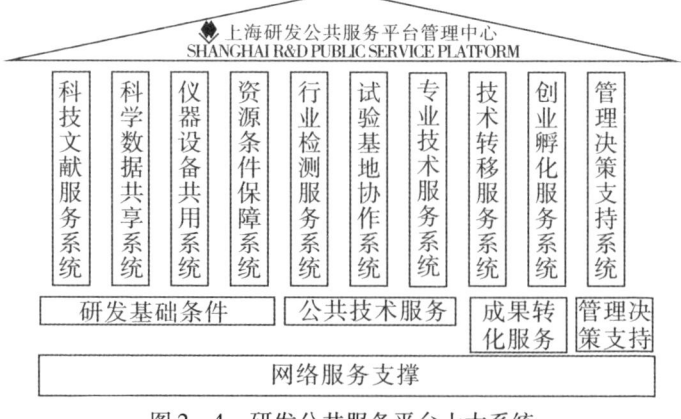

图2-4 研发公共服务平台十大系统

上海研发公共服务平台设有管理中心,负责平台日常管理工作。管理中心是上海市科委直属的事业单位,主要职责是:整合上海市及长三角优势科技资源;建立平台服务体系,包括研究制定研发平台服务规范、服务模式、服务标准、服务绩效评价指标;组织服务的开展;开展区域合作、宣传推广、培训等工作。目前管理中心已建立了一个由十大系统组成的兼具服务和管理功能的网络平台,逐步建立起由600多个服务网点构成的覆盖各行业领域、各区县的综合服务网络。

上海研发公共服务平台涵盖了管理中心、县(区)服务中心、园区和行业协会服务站以及一系列加盟单位,管理中心负责平台的日常管理和协调沟通工作,具体服务由各加盟单位承担。其运营管理模式包括链式、分散式、市区联动模式、政企合作模式以及加盟模式。

(1) 链式

链式是基于产业链分工协作不同而设立的不同的专业平台,如上海生物医药专业技术服务平台是链式表率。该平台不是独立法人实体,而是由分布在生物医药产业链上分工协作的多家研究中心共同组成,并建有上海生物医药专业技术服务平台门户网站。目前,该平台已建立了以研究中心为核心的现代生物技术研发体系,逐渐凸显了其在生物医药产业发展中的支撑和引领作用,推进了上海以及中国生物医药产业的发展

(2) 分散式

分散式是指资源分散在不同的单位,并将分散的资源整合的一种模式。如科学数据共享系统集聚了上海地区各类分散的科学数据资源,建立了分布在不同机构的多个数据中心和数据库,分别由这些机构来提供数据共享服务。

(3) 市区联动模式

根据上海市政府战略布局,由上海科委统筹各类孵化器、科技园区和公共服务平台等创新载体,通过市区联动,建设具

有行政区划特色的服务平台。如为了推动数字媒体产业的发展，上海市科委联合长宁区共同出资建设了上海多媒体技术服务平台，并成为国家数字媒体技术产业化基地的重要组成部分。

（4）政企合作模式

政企合作模式是由平台管理中心与企业进行合作推动的模式。如平台管理中心与上海圣景科技发展有限公司共同建设芯片分析技术公共服务平台，该平台是独立法人实体，按照"政府引导、市场化运作"方式建设运营，除了平台运营、设备维护和技术授权等必要的支出外，平台的所有收入都用于自身技术改造升级，通过自我积累实现可持续发展。

（5）加盟模式

所谓加盟，是指对于具备一定服务条件的单位自愿加入研发平台，经管理中心审核批准后以加盟的形式参与公共服务。目前，这种模式已成为研发平台吸引社会各类资源，共同提供服务的主要运营模式。

3. 台湾新竹科学工业园区的创新网络

台湾新竹科学工业园始建于1980年，是我国台湾地区第一个科技园区，被誉为台湾"硅谷"。30多年来，采用模仿+创新的模式，即在园区建设初期通过模仿硅谷先进经验推动园区的发展，然后根据园区的发展逐渐在园区服务和管理方面实现自主创新，目前，新竹科学工业园已经发展成为以半导体产业和光电产业为主、世界著名的科技园区。

（1）依托OEM企业之间频繁正式交流

新竹科学工业园区的产业发展是与硅谷错位发展而形成的，硅谷以新产品设计和前沿技术开发为主，新竹以硅谷企业OEM（代工生产）为主，积极融入硅谷跨国产业分工体系，产业垂直一体化避免了园区内企业之间的激烈竞争，大大缩短了高新技术产品的生产周期。但是由于垂直一体化产业集群，组织层级边界清晰，更多的是垂直信息流动，与外部沟通强调保密，以客户和供应商正式的水平沟通为主，缺乏硅谷中随处可见的非正式交流。

（2）政府对企业全面的扶持

虽然新竹科学工业园在园区选址、建设规划、政策制定、管理与服务等方面都效仿硅谷模式，但与硅谷最大的不同在于新竹科学工业园是政府主导的结果，硅谷则是市场经济的产物，"政府"在新竹创新网络中发挥主导作用。企业与政府之间的联结主要表现在以下几个方面。

①资金的投入。新竹科学工业园与硅谷投入模式不同：新竹主要依靠政府投入，逐步形成了以政府投资为主的多元化投资体系，而硅谷主要依靠风险投资。台湾通过采取直接投入或者长期优惠贷款、设立科技扶持项目奖励资金或科技基金等方式激励园区企业自主创新和扶持当地特色产业发展。

②重视人才引进和培育。园区规定，科技人员能够以专利或技术入股，大大吸引了海外学子回台创业，他们带来世界上先进的技术、管理方法、创业理念，并在新的文化中进行再创新。在人才培养方面，台湾规定，企业雇佣本地科技人员数须占企业科技人员总数的50%以上，努力把更多的台湾科技人员培养成高科技人才和高级管理人才。

③校企的合作。台湾模仿硅谷企业与斯坦福大学、加州大学伯克利分校等国际知名高校密切合作，鼓励新竹科学工业园企业与高校科研机构开展紧密合作。园区内拥有工业技术研究院、台湾清华大学、台湾交通大学以及"国家实验室"等一大批高校科研机构，尤其注重成果转化、技术转移和市场化等活动，不断衍生新企业如台积电、联华和华邦等著名电子企业。例如台湾工业技术研究院，其主要任务是开展应用研究，跟踪全球科技发展的前沿，通过合作开发或技术许可，消化吸收后与园区企业合作，推动成果产业化。

（3）企业与中介服务机构之间多样化的联结

新竹科学工业园内的中介服务机构主要有：同业公会、商（协）会、管理咨询公司、金融机构、会计师与律师事务所等，为园区内企业提供了全方位专业服务。如园区科学同业公会，设立包括规划管理、进出口服务、金融财务管理、人员培训四个委员会，协调企业间、企业与政府间的沟通，建立信任机制。台湾电力电子制造协会则通过组建研发联盟和新产品协会等方式为集成电路和半导体产业提供专业性服务。

（4）新竹与硅谷之间的密切产业互动

由于两地产业结构的协同，新竹科学工业园与美国硅谷之间通过紧密的通信联系、正式或非正式的协作和集体学习，在技术、人才、文化等方面建立了多元的合作关系，如组建了跨国性技术团体如美西玉山科技协会、"太空人"（定期穿梭于新竹与硅谷的人）以及大量海外台湾籍留学人员等，促进了跨国性产业合作最终形成。

（三）国内外创新网络实践启示

从国内外集群创新网络建设来看，创新网络的建设主力与依托主体必然是也只能是企业。然而在具体的建设进程中，科研机构、协会、政府发挥了十分重要的作用。在创新网络建设中，需要重点把握以下几点。

1. 创新网络建设应着重提升对中小企业的服务能力

从创新网络建设实践来看，不同类型企业对创新的需求和建设能力存在着较大差别。大企业由于自身具有较为广泛的产业联系，对创新网络的组织与协调能力相对较高，因而在创新网络方面往往起到主导作用。同时，大量的中小企业尽管存在着创新的需求，但在服务的供给方面往往难以获得比较满意的支持。因而，创新网络的建设中，应高度重视对服务中小企业的公共创新服务能力的建设。这种公共创新服务能力的提升，往往需要企业、科研机构、协会以及其他第三方组织等的共同支持。

2. 区域创新网络建设应通盘考虑集群创新需求的系统性

集群创新具有综合性和系统性。企业创新需求不仅仅是科技研发上的需求，还需要从市场、生产、科研、营销等企业服务的角度进行通盘考虑。创新网络建设固然应包含科技创新的促进因素，但对其他企业创新需求则不容忽视。建立服务企业价值创造与创新全过程的创新网络，需要在服务内容、服务机制上予以配合。

3. 创新网络建设应积极发挥政府的引导与支持作用

一般认为，政府在创新网络建设方面不应过多干预，这在相对发展成熟的集群创新网络中表现得更明显。也就是说，随着集群与创新网络的逐步成熟，政府职能应逐步退出创新网络的具体运作。然而，无论是建设期还是成熟期，政府在创新网络的正常运作中，始终发挥着无可替代的作用。这种作用既体现为对集群与创新网络的定位与建设支持，更体现了对政策和创新环境的持续不断建设，还体现为代表区域产业集群与外部创新主体的相互对接等。对于更大区域的政府管理部门，他们甚至还需要从整个区域的布局角度思考如何科学规划产业集群及创新网络。

4. 积极适应科技进步与创新网络建设的共同演进

我们的时代在快速变化，其中变化最快的当属科技进步。科技进步对创新网络的影响极其深刻。在产业组织中，在沟通方式上，在协作平台上，在科研工作上，我们正在经历深刻和复杂的变革。特别是，电子信息技术的快速发展，尤其是网络技术的迅猛发展，为创新网络建设提供了前所未有的空间。国际互联网、信息技术、云计算等技术的发展，为创新网络的升级提升，提供了全新的可能性。

第三章　广东专业镇发展与创新网络建设

广东专业镇发展是科技部门在地方产业集聚的基础上，通过科技政策引导、创新平台建设以及创新网络培育等手段进行推动集群发展的结果。在历时 10 多年的实践中，广东专业镇发展初步具备了自身的产业集聚功能，同时，具有广东专业镇特色的创新网络也已初步形成。应该说，专业镇快速发展与专业镇创新网络建设是一个同步进行的历史过程，更是相互促进的动态演变过程。

一、广东区域创新网络建设

（一）广东区域创新网络的框架

广东经济的迅猛发展加强了产业的集聚性，带来大量的知识、信息交流，激发了各种创新主体的创新灵感和积极性，并在此基础上形成了有一定规模的创新网络。目前，广东创新网络主要由政府、企业、高校科研机构、中介服务机构、金融机构等各创新主体之间的技术、知识、资金、信息等创新要素交互组成，各创新主体通过各种正式或非正式的联系使创新资源相互整合和交互而形成纵横交错的网络结构。该网络已基本具备了一般区域创新网络的基本框架（见图 2 - 1）。具体表现在：企业发展已逐渐转移到依靠技术创新上去；政府积极参与、推进、协调创新活动；产学研合作有了较大的进展，高校科研机构正积极为创新活动提供强有力的科技、人才支撑；中介服务机构围绕技术创新构建强有力的支撑服务体系。从总体上来讲，广东区域创新网络还是属于比较初级的形态，突出表现是创新网络中的各种关系还不够密切，特别是以企业为核心的一级网络联系的发育滞后于社会经济发展对技术创新发展的需要。

（二）广东区域创新网络的主要结点及联结关系

1. 企业

广东是全国改革开放最早的地区，企业具有较强的竞争意识和技术创新意识。在广东，无论是占有重要地位的外源经济，还是通过引进技术发展起来的内源经济，企业长期以"引进、消化、吸收、创新"为战略，坚持以企业为主体，较早确立了企业作为创新主体的地位。2012年广东区域创新能力连续五年位居全国第二，其中创新绩效能力位居全国第一，企业创新、环境创新和知识创新能力全国排名前三。目前，企业已成为广东自主创新的主体，2012年全省规模以上企业达3.78万家，其中设有研发机构的2 601家，开展研发（R&D）活动的企业5 082家，工业企业R&D经费投入为1 077.9亿元，占全社会的87.2%，R&D人员（折合全时当量，以下同）投入为42.5万人/年，占全社会的86.4%，其中，大中型工业企业R&D经费投入为941.5亿元，占工业企业的87.3%；R&D人员投入为36.7万人/年，占工业企业的86.4%。深圳、广州、佛山和东莞R&D经费分别为461.9亿元、158.2亿元、146.9亿元和74.8亿元，在全省处于领先地位。2012年，政府对企业R&D经费投入仅为32.9亿元，仅占工业企业R&D经费的3.1%。2012年全省拥有高新技术企业6 205家，位居全国前列。在国际金融危机和欧债危机的双重影响下，广东省大批高新技术企业依然保持逆增长，实现自主创新能力和国际竞争力"双提升"，拥有4家年产值超千亿元的跨国企业，华为、中兴通讯先后跃居全球PCT专利申请量第一。民营科技企业快速发展，全省民营科技企业7 573家，技工贸收入12 925.48亿元。

2. 高校与科研机构

在创新网络的各类结点中，高校和科研机构作为技术提供者，是知识创新的主要承担者。根据广东科技年鉴（2013年卷）数据：参加2012年广东省普通高校科技/社科统计的科技类单位有84个，包括普通高校63所，高等院校附属21所；广东省属科研机构主要集中在中国科学院广州分院、省科学院、省农科院和其他原部属研究院所。广东历来非常重视高校和科研机构在技术创新中的作用，在企业自主创新时，强调以高校和科研机构作为支撑，鼓励高校科研机构通过调整学科和科研方向，积极与企业开展联合攻关、共建研究中心和基地等，增强自身的研发实力，推进企业的技术创新。2012年全省普通高校科技类从事教学与研究人员共有6万人，其中高级职称人数为1.84万人，博士研究生有1.1万人；当年拨入的科研经费总额62.3亿元，其中拨入项目（课题）经费47.86亿元，在研课题3.1万项；共拥有上级主管部门批准的研究机构459个，包括国家级机构35个、省部级机构298个、其他主管部门机构126个；发表论文4.8万篇，其中国外发表学术论文1.15万篇，被SCI、EI、ISTP三大索引收录论文1.63万篇，出版各类图书829部，专著157部；专利申请5 269件，其中发明3 030件，专利授权3 223件，共获得各类成果奖222项。

2012年，中山大学科技总经费11.64亿元，其中国家级科技项目到位经费2.87亿元，部省市所拨经费5.53亿元，企事业单位委托到位总经费1.71亿元；第一次承担国家基金重大项目和国家基金重大国际合作项目；获准新建国家地方联合工程实验室等18个国家省部级科研创新平台；获得国家省部级奖励18项；专利申请506项，其中发明480项；授权专利331项，其中发明296项。华南理工大学获批"973计划"项目课题3项；获批国家基金项目213项，经费达1.4亿元；承担企事业单位委托项目超过1 400项，其中承担合同经费超过1 000万元的项目1项；获批新建国家地方联合工程实验室等5个国家省部级创新平台；获省部级以上科技奖励33项，其中广东省科学技术奖25项；申请专利1 722项，其中发明专利1 148项；获得授权专利974项，其中发明专利602项。

2012年，中国科学院广州分院拥有中科院院士2名、中国工程院院士1名、俄罗斯科学院外籍院士1名、国际欧亚科学院院士4名；拥有高级专业技术人员940名，博士占31.6%；截至2012年年底，全院拥有国家重点实验室等26个科研平台；在研科研项目3 026项，项目总经费30.39亿元；承担或参与的国家（含各部委）项目1 035项；专利申请632件，其中发明537件；专利授权363件，其中发明284件；获得2012年度广东省科学技术一等奖3项。广东省科学院共有中国科学院院士4名（兼职）；具有高级专业技术职称的人员233名，博士112名；截至2012年年底，全院共建有省部共建国家重点实验室培育基地等17个科研平台；在研科研项目527项，项目总经费2.178亿元；专利申请64件，其中发明58件；专利授权47件，其中发明41件；获得2012年度广东省科学技术奖一等奖2项、二等奖1项。

综上所述，广东的高校科研机构拥有先进设施设备、庞大的科技成果资源，产学研合作紧密，已成为广东省自主创新生力军，为广东经济发展提供强有力的技术和人才支撑，有力地推动广东区域创新网络形成。

3. 政府

在广东创新网络的形成过程中,政府在营造创新发展环境、制定鼓励创新法律法规等方面发挥了重要的推动作用:先后出台了《广东自主创新规划纲要》《广东省建设创新型广东行动纲要》和《广东省改善创新环境五年行动计划》等重要文件,出台了我国首部自主创新地方性法规《广东省自主创新促进条例》,第一次在法律层面明确了自主创新的概念,提出覆盖自主创新全过程中的法规体系,在自主创新成果转化与产业化、创新型人才队伍的建设与服务等方面提出很多"含金量高"的新措施。如:明确高校、科研机构职务成果转化奖励比例需高于70%;人员费可占项目总经费的30%,其中软科学研究和软件开发类项目最高可占50%等。高企认定、企业研发费用税前加计抵扣等政策也得到落实。截至2012年,广东企业研发费扣除额累计超过750亿元,企业减免税收累计超过180亿元,仅次于江苏,位居全国第二。2012年7月和8月颁布了《中共广东省委、广东省人民政府关于依靠科技创新推进专业镇转型升级的决定》和《广东省人民政府关于加快专业镇中小微企业服务平台建设的意见》等文件,对于加快广东经济结构调整和转型升级、完善区域创新体系和提升竞争力具有十分重要的意义。同年10月,《关于加快科技服务业发展的若干意见》发布,这是国内首个由省级政府层面出台的促进科技服务业发展的指导性文件。

4. 中介服务机构

中介服务机构在广东区域创新网络中发挥桥梁和纽带的作用。近年来,广东的科技中介机构发展迅速,目前已基本建立较完善的省市县镇四级科技中介服务机构网络。截至2012年底,全省拥有约3.5万个各类科技服务机构,服务企业超过50万家;全省科技服务业研发(R&D)经费达到150多亿元,占全省 R&D 经费的 12.5%，广东科技中介服务机构的业务活动范围极为广泛，基本涵盖了创新活动的各个方面，技术推广类机构超过五分之一，从业人员将近 6 000 人；生产力促进机构百余家，从业人员 2 200 余人；技术检测服务类机构 80 余家，从业人员达 1 万余人。此外，科技咨询机构、知识产权运营机构、科技普及机构、科技孵化器等都得到了快速发展，但在科技评估、技术交易、投融资等领域无论机构数量还是从业人员依然偏少。从区域分布情况来看，"珠三角"占 80%以上，其中广州和深圳占比超过 60%，涌现一批以科技服务超市为代表的新型科技中介服务机构，如广东省科技厅 2011 年 12 月成立了"广东现代服务交易中心"，首创了现代服务"超市"化经营模式；深圳南方国际技术产权交易中心在技术产权交易、多层次资本市场建设等方面进行有益的探索；涌现了以广州科学城、深港创新园、松山湖科技园、佛山广东金融高新区为代表的科技服务业集聚区；粤东西北地区由于经济发展水平影响，科技中介服务机构数量依然偏少且发展缓慢。这些机构虽然不直接参与创新，但是在企业成长发展过程中提供全方位的创新服务，密切了企业与各创新主体的合作，极大地推动了广东的科技创新，促进了科技与经济的紧密结合。

5. 金融机构

广东省内的金融机构主要包括国有银行、地方商业银行、基金公司、担保机构、风投机构和证券市场等，还包括新型科技金融机构——科技支行，例如中行番禺科技支行和东莞银行松山湖科技支行等，与传统银行相比，科技支行在客户评级准入机制、拨备制度、信贷审批机制和风险管理措施方面具有独立性和灵活性，可以根据科技型中小企业发展的不同阶段提供不同的授信额度，如 2012 年番禺科技支行对科技型中小企业的贷款达到 1.6 亿元，大大促进了当地中小企业科技成果转化及产业化。2011 年，广东组建粤科金融集团，积极开展集团融资租赁、知识产权评估与交易，创立科技金融产业园，设立"粤穗天使基金"，首期投入1亿元。2012年，广州、佛山和东莞等地开展科技金融试点，不断创新科技投入方式和科技金融结合模式，推动科技金融产业深度融合，初步形成了科技金融产业互动的良好局面。广东省科技厅发动组建广商科技投资股份有限公司，搭建专业化创新服务、金融服务、科技成果孵化服务的新型综合服务平台。大力发展创业投资引导基金，广东设立了首只创业投资引导基金"广东红土创业投资基金"；目前广州拥有各类创投机构达100多家，管理基金超过150只，资金规模400多亿元，如广州市创业投资引导基金、中大一号基金，通过2.5亿元基金带动了超过25亿元的社会资本，发挥了巨大的带动示范效应。这些金融机构的存在及其投资，营造了良好的科技创业氛围，促进了新企业的诞生和企业的健康成长、持续创新，促进了广东创新网络的连接稳定和创新优势。

（三）广东典型创新网络形态

广东目前典型的创新网络形态主要有：高新区创新网络、专业镇创新网络、民营科技园创新网络、国际科技合作创新网络和泛珠三角区域科技合作创新网络。专业镇创新网络在下一节将重点介绍。

1. 高新区创新网络

广东高新区是广东实施自主创新的重要载体，产业规模大、竞争力强，是广东创新要素最活跃的区域之一。截至2012年底，广东共有省级以上高新区21家，国家高新区9家，特色产业基地29家，各类科技企业孵化器150多家。2012年，全省21个省级以上高新区营业总收入达2.05万亿元，其中9个国家高新区营业总收入占全省高新区比重87.5%。全省0.2%的土地，创造了1/6工业增加值、1/6出口额、1/3高新技术产品产值，高新区经济总量占全省GDP的1/3，高新区已成为广东经济重要增长极。

高新区创新网络基本架构如图3-1所示，其主要结点是：园区内高新技术企业、高校和科研机构、高新区管委会和各级政府、高新区创业服务中心等中介服务机构和金融机构，高新区创新网络正是因为有这些结点之间的相互作用、协同创新而形成的。2011年9个国家级高新区共建有约3400个科技开发机构，占全省总数的三分之二，科技活动人员超过22万人，占全省总数近40%；高新区新产品产值占工业总产值超过35%。全省高新区公共服务平台较完善，特别是创业孵化、创新创业环境较好。

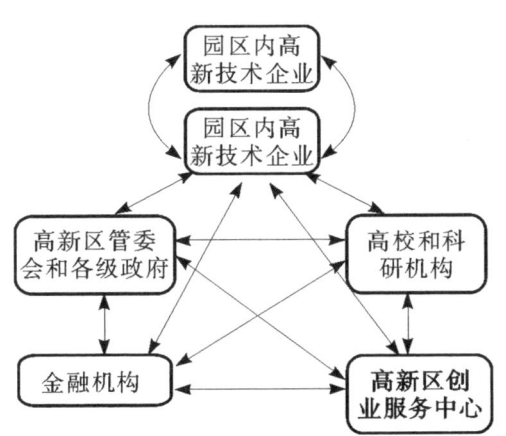

图3-1 高新区创新网络的基本架构

（1）高新区是高端产业及人才集聚地

全省高新区具有产业、人才、消费和国际化程度高等特点。高新区集聚了各具特色的高端产业集群如深圳移动互联网、中山健康科技产业、惠州云计算智能终端等，这些产业集群处于国内先进、领先水平。高新区是一个高端人才集聚地，48个省政府创新科研团队中58%落户高新区；44名省政府领军人才，高新区占四分之一，其中东莞松山湖高新区引进了8个省创新科研团队；深圳引进22名国家"千人计划"，其中15名落户深圳高新区；广州高新区聚集国家"千人计划"22名，占广州市四分之三。

（2）高新区创业孵化载体建设呈现多元化发展

科技企业孵化器建设运营模式主要有：政府主办型、政企共建型、民营主导型等类型。截至2012年底，全省高新区建有各类科技企业孵化器150多家，其中国家级孵化器24家，省级孵化器27家；大学科技园8家，其中国家级大学科技园3家；孵化场地面积超过1 000万平方米，在孵企业近1万家。同时，一批新型市场运营创业孵化加速载体如天安数码城、番禺节能科技园、南海瀚天科技城等在全省各地崛起。如佛山高新区与中科院合作建立了6家科技成果育成中心，促进了大量的中科院科技成果在广东省落地转化。

（3）创新型产业集群建设亮点突出

创新型产业集群是面向科技型中小企业、高企和创新人才，以高新区或特色产业基地为载体，通过组织结构、商业模式和文化等创新促使各种生产要素集聚而形成的产业集群。2012年被纳入国家创新型产业集群建设试点的分别是深圳移动互联网、惠州云计算智能终端、中山健康科技等产业集群。惠州仲恺高新区云计算智能终端已引入70个重点建设项目，总投资金额约200亿元。

2. 民营科技园创新网络

广东省民营科技园（以下简称"民科园"）区创新网络即指民营科技园区内外的各创新主体，包括企业、高校科研机构、政府、中介服务机构和金融机构等通过相关活动和协同创新所建立起来的网状结构,这种结构既包括正式的合作网络又包括非正式的合作网络。民科园创新网络基本架构如图3-2所示,主要结点是:民营科技企业、高校和研究机构、民科园管委会和各级政府、民科园科技创新公共服务平台和金融机构,民科园创新网络正是由于这些结点之间的相互作用、协同创新而形成。2011年全省14个民科园企业工业总产值达3 000亿元,民营科技企业5 628家,占全省总数的74%,共建立技术研发机构385家,培养高企和创企分别达到470多家和100多家。通过"三部两院一省"产学研合作,引导创新资源向民科园聚集,不断提升园区企业的技术创新能力。全省民科园共吸引全国近200所高校和50多所科研机构与园区近4 000家民营科技企业建立产学研合作关系,攻克一批产业关键共性技术并实现产业化,开发新产品3 000多项,申请专利7 700多项,授权专利3 600多项,产生了显著的经济效益,有力地推动了民科园创新网络建设。

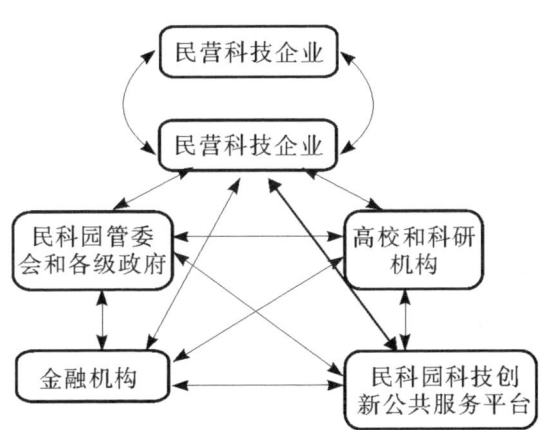

图3-2 民营科技园创新网络的基本架构

3. 国际科技合作创新网络

2009年广东提出"哑铃型"国际科技合作模式：在哑铃的两端，即在国内和国外，同时建立具有互补性功能的科研机构和辅助机构，同时把国内外的合作网络做强做大，通过两个网络交流合作，促进知识和技术流动，促使先进技术落地和产业化。"哑铃型"合作模式遵循以下原则：一是立足于珠三角地区，引进国际先进适用技术；二是在合作过程中建立利益分配机制，确保对方收益；三是做强哑铃两端，实现技术的有效对接；四是探索联合研究、合作开发、共建研究中心等多方面"哑铃型"合作模式。中国－乌克兰巴顿研究院是典型代表之一。巴顿研究院合作模式是引进乌克兰巴顿焊接研究的技术和人员，由省工业技术研究院投入土地和资金，省市科技管理部门予以政策和资金支持。该研究院通过开展现代焊接技术合作和应用推广，已成为巴顿焊接研究所在中国焊接技术科研基地和技术转移中心。

4. 泛珠三角区域科技合作创新网络

泛珠三角区域科技合作创新网络包括福建、江西、湖南、广东、广西、海南、四川、贵州、云南九个省和香港、澳门特别行政区（9+2）相互合作形成的网络，主要通过区域内各高校、科研机构的基础性科教资源如科技文献、科技信息、专家库、动植物资源和水文资源等等联网合作，建立以高新技术研发和产业化为主的区域科技项目合作机制和成果转化平台，推进区域产业协作和战略联盟构建，形成泛珠三角科技合作创新网络。

（1）重大专项合作

针对民生科技和可持续发展等重大专题，泛珠三角成员开展了形式多样的科技合作，推动泛珠三角科技合作创新网络各结点关系更加紧密。2011年，广西科技厅组织开展"973"计划项目申报工作，由广西大学陈保善教授为首席科学家，联合云南大学、中科院昆明植物研究所、中科院华南植物园、北大等9家单位共同申报"大规模桉树人工林生态功能与调控机制研究"项目，推进桉树生态重大项目研究工作。

（2）科技资源共建与共享

"泛珠三角区域大型科学仪器协助共用网"由广东省科技厅联合广西、福建、海南等省（区）科技厅共同建设。截至2011年，该平台已收录10万元及以上仪器5 342台/套，涉及412个相关单位和3 637名实验室人员。并建有区域大型科学仪器协助共用网信息管理系统及门户网站，如泛珠三角大仪网（www.ppsinn.cn）、广州大仪网（www.gzsin.cn）、广西大仪网（www.gxyq.cn）、福建大仪网（www.fjdy.org.cn）、海南大仪网（www.hidyw.com）。

（3）科技交流活动

在泛珠三角地区开展形式多样的科技交流活动。2011年，在江西南昌召开第7届泛珠三角区域合作与发展论坛；第12届中国西部国际博览会在成都举办；第8届中国－东盟博览会在广西南宁举办。通过举办各种泛珠三角地区创新协作论坛，实现了合作和技术交流的制度化和常态化。

二、广东专业镇建设

（一）广东专业镇定义及特征

专业镇是自20世纪90年代起，在广东出现的产业相对集中、产供销一体化、以镇域经济为单元的新型经济形态，是县域经济的重要支柱，是产业集群在广东的具体表现形式。各地对于专业镇的理解多种多样，甚至连名称都各不相同。例如，在我国山东称为"特色专业乡镇"，浙江称为"块状经济"

"小狗经济"，江苏称为"创新专业镇"等，它们都是典型专业镇形式。虽然其他地区的专业镇经济比广东出现得更早，但是，"专业镇"一词却是在广东首先使用的。专业镇经济概念最早由中山大学王珺提出，他认为专业镇是建立在一种或两三种产品的专业化生产优势基础上的乡镇经济。2000年，广东省科技厅开始实施"专业镇技术创新试点"工作，把专业镇定义为：以镇（区）为基本单位，产业相对集中，具有一定经济规模，生产、供应和营销一条龙，科技、工业、贸易一体化，营销网络覆盖面广的镇级经济实体。其主要特征有：

1. 独立行政区域

在地域上是一个建制镇（街道、区），是一个国家设立的按行政建制区域。镇政府是国家最基层的权力机关，是最基本的独立行政单元，在区域管理中呈现出自身的特点。

2. 特色产业集聚

在镇（街道、区）范围内，有一个或几个明显的特色产业为主导，以主导产业为核心，集聚了较多企业，以中小微企业为主，企业沿产业链形成纵向或横向的分工体系，主导产业明显是专业镇的重要标志。

3. 专业化配套协作

专业镇是大量企业集聚合作形成的镇域经济，若区域内企业集中某一特定产品生产，则形成水平专业化分工协作；若区域内大量中小企业围绕一家或者几家大型企业，则进行产业链垂直专业化分工协作；又或者两者兼而有之。

4. 创新驱动发展

专业镇以科技创新和科技成果转化为主要途径促进产业转

型升级。各级政府通过不断完善区域创新体系，建立形式多样的创新平台和完善公共服务体系建设，促进专业镇转型升级。

（二）广东专业镇发展历程

专业镇发展过程大致可以分为以下四个阶段：

1. 萌芽期

20世纪80年代，广东农村逐渐涌现了一批"专业户""专业村"，并逐步形成了某种商品专门生产、供应和营销一体化的专业市场。以农业生产为主要特征，逐渐出现生产大户、中小企业集聚现象。这种萌芽现象大多是由市场经济的无形之手自发形成的，市场经济的无形之手起着包揽一切的作用。这一阶段的专业镇主要是开展简单生产与商品交易，缺乏技术创新、市场营销与战略管理等内容。

2. 形成期

20世纪90年代，各地的乡镇积极调整和优化农业产业结构和农产品结构，农产品加工业和"三来一补"外贸形式得到迅速发展，逐渐形成"一镇一品"的发展局面。与此同时专业镇的产业与产品结构由农业向工业、商贸、旅游等方面迅速发展，显现多样化特征。此时的专业镇企业形成横向关联，企业在某一区域大量集聚或以某类产品为中心形成产业集聚，或围绕商品流通为核心形成产业集聚。虽然经过市场分工，但每个中小企业都可以找到自己的定位，但是，在这些专业镇内，大部分企业之间的经济联系十分松散，相互之间很少发生合作关系，以产业链为核心的产业分工组织形式尚未形成。专业镇内的传统企业逐渐向现代企业转变，现代管理这只有形之手渐渐发挥作用，政府角色也开始参与进来，中介机构逐渐产生。

3. 升级期

自 21 世纪起，随着专业镇企业逐渐进行产业垂直分工，这是依据企业上下游产业链的连接，每个企业只从事某一种产品的某个生产环节的活动。往往存在一个或者几个大中型龙头企业，大企业进入是形成产业垂直分工的直接推动力，随着大企业进入，为其配套的小企业也相应跟进。企业间的联系日趋紧密，原有的社会网络联系逐渐加强，基于社会网络的资金和技术协作关系越来越密切，知识、技术、信息、资本和劳动力等科技资源的充分流动和交互，逐渐形成产业网络。

各级政府积极制定相关政策措施，引导和促进专业镇健康发展。如广东省科技厅通过积极开展"专业镇技术创新试点"工作，引导专业镇以技术创新促进镇域经济发展，陆续推出"创新示范专业镇"建设，"一镇一策""创新公共服务平台"建设等措施推动专业镇转型升级。

4. 创新期

在政府扶持和引导下，部分条件优良的专业镇逐渐形成产业辐射扩散的模式，内生型专业镇从水平分工向垂直分工转变，形成空间集聚：一是围绕龙头骨干企业集聚效应和形成配套中小企业集聚的产业链网络；二是不同区域的部分中小企业群体，突破行政区划上的空间障碍，形成跨区域协作网络。同时一些基础较好的专业镇发展品牌战略，向技术型、知识型转变，向产业生态演进。这是专业镇未来发展的方向。

（三）广东专业镇类型

广东专业镇经过十多年的发展，专业镇规模逐渐壮大，综合实力逐步增强，2012 年全省专业镇实现生产总值 1.8 万亿元，占全省生产总值的 31.6%，已经成为全省经济和产业发展的重要支撑。截至 2012 年,全省共有省级专业镇 342 个,主要分布在五金、皮具、服装、玩具、家电、家具、陶瓷、农业生产加工等传统产业以及电子信息、生物制药、电子材料、现代物流、电子商务、旅游等新兴产业。

1. 从三次产业分类角度划分

按照广东省专业镇促进会制定的"广东省专业镇特色产业分类表""广东省专业镇特色产业命名参照表",以三次产业分类法为基础,专业镇可分为三种:农业、工业、服务业。

(1) 农业类

农业类主要包括农林牧渔业等,主要包括畜禽养殖,花卉、蔬菜、瓜果种植,农产品生产和加工等。截至 2011 年,该类专业镇共有 114 个,占全省专业镇总数三分之一,农林牧渔业总产值达 1 995 亿元,占全省比重达 45.5%。该类型的专业镇主要集中在自然资源比较丰富的区域,并在省内各地市都零星分布。如惠州惠东县铁涌冬种马铃薯专业镇、湛江徐闻县曲界菠萝专业镇、茂名高州市根子荔枝专业镇、梅州市梅县石扇金柚专业镇、潮州的庵埠食品加工专业镇、顺德陈村花卉专业镇等。

(2) 工业类

广东的专业镇主要集中在工业类,包括传统制造业和高新技术产业等,占全省专业镇总数近 60%。2011 年,该类专业镇创造的 GDP 约为 1 万亿元,占全省专业镇 GDP 的 62.3%。制造业专业镇是专业镇的主要类型,占全省专业镇数量的一半以上。传统制造业专业镇的特色产业以五金、纺织、家具、皮具、服装、制鞋、玩具等传统制造业为主。其特征是产业层次较低,产品附加值较低,可持续发展能力较弱,如汕头澄海区凤翔街道玩具专业镇、佛山南海区盐步内衣制造专业镇、中山小榄五金专业镇、江门开平市水口镇水暖卫浴专业镇等。高新技术产业专业镇的特色产业主要包括电子信息、生物制药、电子材料、LED等。如东莞石龙电子信息专业镇、江门江海电子材料专业镇、珠海三灶生物制药专业镇、中山小榄LED照明专业镇等，这种类型专业镇约占7.3%左右。

（3）服务业类

这类专业镇不以有形产品的生产为主，而是专门从事无形产品的生产或者为有形产品生产提供服务或者从事第三产业，包括商贸、物流、旅游等。2011年第三产业专业镇共有24个，约占全省专业镇总数的7%，创造的产值约占整个专业镇总产值的32.1%，如东莞常平镇物流专业镇、江门开平塘口镇旅游专业镇、广州花都区花东镇空港物流专业镇。

2. 按企业专业化分工划分

王珺认为：专业镇是建立在一种或两三种产品的专业化生产基础上的镇域经济。在一个专业镇，大多数企业围绕一个或两三个产品而形成专业化分工生产网络。这种专业化分工有三种形式：水平型、垂直型和水平垂直共存型。

（1）水平型

由于各专业镇在地域资源禀赋、区位优势和生产传统方面的不同，不同专业镇之间形成不同产品的专业化分工。往往一个镇专门从事某种产品生产，而另一个镇专门从事另一种产品的生产。在一个专业镇里，绝大部分的企业都生产同一种产品，只是在产品类型、款式、档次上有所不同，整个生产过程如原材料采购、产品设计、生产、销售等都是由企业单独完成，生产环节并没有外包给其他企业。大部分专业镇属于这种依靠自身资源和专业化市场形成的专业镇。例如东莞虎门服装、佛山西樵纺织品、顺德乐从家具等。

（2）垂直型

在一个专业镇内，企业之间按照产品生产的产业链上下游联系组织起来，每个企业只从事某一个生产环节。这种方式使得产品生产流程从原材料采购、产品设计、产品生产、组装、物流配送和销售都是由不同企业来完成，往往存在一个或者几个大中型龙头企业。如东莞清溪镇是全国最大的计算机产品生产专业镇，国际知名电脑制造龙头企业如光宝、NEC、致力、鼎立等随着台湾制造业整体搬迁或者投资建厂后，负责生产计算机的核心部件和整机产品设计，同时在台湾为其配套的上下游企业随之落户清溪，负责生产相关组件、零部件，形成了产业链上下游分工合作，正是靠这种群体迁徙清溪形成完善的产业配套能力，上至一块电路板下至计算机整机，一台计算机95%以上的零部件都可以在清溪镇找齐，形成了配套完善的电子信息产业集群。

（3）水平垂直共存型

在一个专业镇里，水平型与垂直型产业化分工同时存在。比较典型的如江门蓬江摩托车专业镇，目前已形成以大长江、迪豪为龙头的大型摩托车整车生产企业和120多家摩托车零部件生产企业，建立了比较完整的摩托车设计、生产、研发、配送、销售与服务产业链。

3. 从专业镇发展动力的角度划分

根据专业镇形成过程中的动力来源，可以将其分为三种类型：内生型、外生型和综合型。

（1）内生型

该类专业镇主要依靠本地的自然资源、市场、资本等发展起来，有的是依靠原有的优势企业，如南海西樵的纺织品、佛山禅城石湾的建筑陶瓷、中山黄圃的腊味；有的是源于早期的乡镇企业和工业基础，如顺德北滘和容桂的家电等；有的则是源于本地的专业市场，通过市场拉动产业发展，如顺德乐从家具等。他们的共同特点是根植于本地社会经济环境，形成本地生产体系，多以传统产业和中小企业为主。

（2）外生型

该类专业镇则是通过招商引资或承接产业转移的结果。珠江东岸的深圳、东莞等地在发展早期承接香港、台湾的制造业转移，发展"三来一补"工业，某些产业在镇域集聚，形成了今天的专业镇，如东莞的虎门、厚街等；后来，这种产业转移方式发生了改变，以大型跨国公司整体迁徙及其配套企业进入为主，发展成为直接投资建厂成立分公司，如东莞石龙、石碣等。这类专业镇的特点是，所发展的产业与本地经济不大相关，与本地的生产体系协作不紧密，往往服从产业国际转移趋势，专注于国际产业价值链上的特定环节，又称为"嵌入型"。

（3）综合型

该类专业镇是前面两种类型的交叉融合。内生型专业镇由于在本地具有良好的产业氛围而成为招商引资的优势，吸引国外企业来本地投资，如佛山北滘，吸引了美国的Whirlpool、日本的Toshiba和韩国的Samsung等加入；而嵌入型专业镇也逐渐融入当地的文化和生产体系，越来越多地接受当地企业的配套生产和服务，有的甚至在发展过程中被当地企业替代其主导地位，如南海盐步的内衣专业镇源自三来一补香港内衣制造公司，通过为其做OEM生产配套，做外贸，逐步向品牌打造转变，逐渐发展成为中国内衣第一城。

（四）广东专业镇建设成效

1. 专业镇成为带动区域经济增长的重要引擎

广东专业镇经过10多年的迅速发展，成效十分显著。2001年省级专业镇共有21个，实现地区生产总值440.69亿元，占全省比重3.66%；到2012年底增至342个，实现地区生产总值达1.8万亿元，占全省比重31.5%，专业镇生产总值年平均增长率近40%，专业镇经济总量超过全省三分之一，成为广东经济发展的重要增长极。专业镇对地区经济贡献率达39.3%，其中汕头、佛山、东莞、中山、江门、潮州、云浮7个地市的专业镇经济对区域经济贡献率均超过50%，专业镇对区域经济发展的带动作用日益明显。工农业总产值超千亿元的专业镇目前有6个，分别是佛山狮山、荷城、张槎、顺德北滘、容桂，江门蓬江；超百亿元专业镇108个，占专业镇总数三分之一；专业镇涌现出一大批名镇名品如狮岭皮具、古镇灯饰、乐从家具、大沥铝型材等，已经享誉全国，成为"广东制造"的中流砥柱。2012年专业镇专利申请93 033件，占全省40.53%；专利授权70 260件，占全省45.74%，专业镇成为全省专利的重要产出地。

2. 专业镇公共技术服务平台引领产业走向高端

中小微企业是广东省经济发展的重要载体，其数量占全省企业总数的94.5%，而专业镇内中小微企业有40.8万家，占专业镇企业总数91%，专业镇以中小微企业为主。由于专业镇身处基层，技术、人才、资金的严重缺乏严重制约其发展。而公共服务平台通过集聚各类创新资源有效弥补中小微企业在技术、设施、人才方面的短板，通过平台提供技术创新、工业设计、质量检测、人才培训等多方面专业化公共服务，大大减少企业的运营成本，提高企业创新能力，提升产业竞争力。目前，超过三分之二的专业镇建立起了各种各具特色公共创新服务平台超3 000个，包括专业镇技术创新中心、产学研合作基地、专业镇生产力促进中心、企业研究院、实验室和工程中心在专业镇设立的分支机构等。平台对外服务企业数达4.4万家，培训人员21万人次。

3. 专业镇成为带动粤东西北区域协调发展的助推器

作为经济大省的广东，区域发展最大的问题是珠三角与粤东西北发展不平衡。全省21个地级市，粤东西北12个地级市面积占全省70%，人口占全省一半，但是经济总量却仅占三分之一。为了加速创新资源向粤东西北地区流动，广东省科技厅积极引导专业镇向粤东西北地区拓展，结合区域自然资源优势大力发展农业专业镇，促进农业增产和农民增收，带动了粤东西北农业"绿色崛起"，对于全省统筹城乡发展、缩小区域发展差距发挥了重要的作用。目前，粤东西北地区已建有200个省级专业镇，其中建有116家农业专业镇，占省级专业镇总数的34%，涉及畜牧，水果、蔬菜、花卉种植，水产养殖等多个特色产业，总产值近2 000亿元，占全省农业总产值的45.5%。如韶关市乐昌九峰镇，2008年被认定为水平专业镇，全镇农业人口占总人口的93.5%，通过发展黄金奈李、脆红李、水晶梨等特色水果产业，2011年九峰镇GDP达3.1亿元，比2008年增长8.5%，有效带动了当地农业增产和农民增收。

（五）广东专业镇技术创新网络的初步建设

1. 技术创新网络建设的有益探索

经过艰苦探索与初步总结，专业镇在基于本地创新平台建设基础上对科技部门提出了建设技术创新网络的初步构想。这一阶段的广东专业镇技术创新网络思路（周海涛，2005）表现为：组建平台、构筑网络、强化职能、提升层次（见图3-3）。

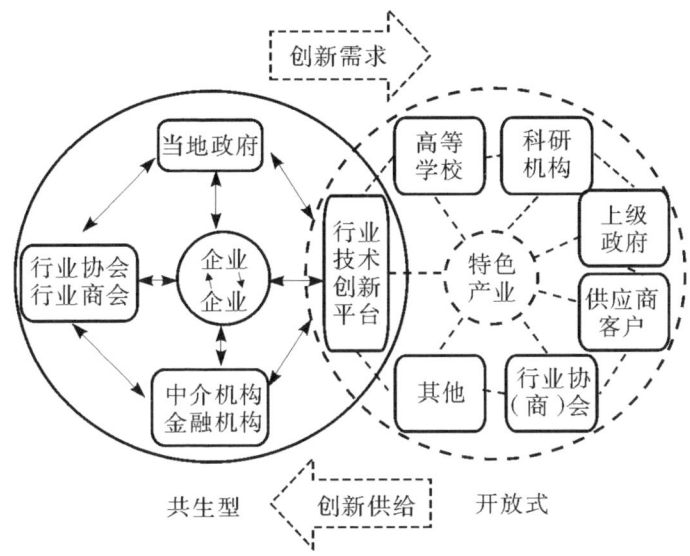

图 3-3 专业镇共生型开放式技术创新网络框架

（1）组建平台

组建平台是指建设行业技术创新平台或技术创新中心，使其成为专业镇开展创新活动的重要载体。

（2）构筑网络

构筑网络指构建专业镇内部组织网络和外部支撑网络。以网络化的结构推动专业镇内部企业、政府、中介机构和金融机构、行业协（商、学）会等各创新主体形成密切合作共生关系，形成合力，发挥协同效应，提高创新效率。以网络化的形式促进专业镇各创新主体与外部机构（高校科研机构、上级政府等）建立动态开放的合作关系，借助外部优势资源，克服专业镇在创新过程中的种种困难，为专业镇开展技术创新工作提供丰富知识、技术、人才、信息、资金与良好的创新发展环境。

（3）强化职能

强化职能指强化专业镇内部各创新主体在推进技术创新工作中的作用和职能，即强化企业的创新主体作用，强化政府部门的引导和推动作用，强化中介机构沟通和协同作用，强化金融机构资金支持作用，强化行业商（协）会桥梁和纽带职能。

（4）提升层次

提升层次是指努力提升专业镇内部各创新主体与外部各创新主体，如行业商（协）会、上级政府部门、高校科研机构、供应商、服务商、代理商和客户等的合作层次，为专业镇的技术创新活动提供稳定支撑。

在这基础上，提出专业镇共生型和开放式的双环技术创新网络结构（见图3-3）。在该网络结构中，左环为围绕着企业这一创新主体的专业镇内部共生型组织网络，右环为围绕着特色产业这一创新目标的专业镇创新开放式外部支撑网络，两环的重叠部分为技术创新网络的重要载体——行业技术创新平台（中心）。专业镇各种创新需求通过在行业技术创新平台（中心）聚焦并向外部网络扩散；利用高校科研机构、上级政府、供应商、服务商、代理商、客户等创新资源的优势，促使知识、技术、人才、信息和资金等创新供给逐步形成并在行业技术创新平台（中心）聚焦后，将向专业镇内的中小企业扩散和外溢，不断提高中小企业创新能力和产业竞争力。

2. 技术创新网络的思考与突破

2005年，第一阶段专业镇技术创新网络建设的主要特点是基于原有特色传统产业，由政府引导、企业参与，构建多种各具特色专业镇技术创新平台，将国内外科技成果和技术信息向镇区内中小企业辐射。

（1）强调本地创新中心的建设

在专业镇发展初期，产业集聚已初步形成，此时专业镇建设工作的重点在于建设科技创新平台。因此，这一阶段的专业镇创新网络建设主要集中于具备研发能力的创新中心，其重点是面向本地特色产业发展的科技创新平台建设，但是在服务面、功能设计、制度建设上还处于起步阶段。

（2）强调行业技术创新平台作用

在创新平台的建设中，平台功能主要集中在技术研发及科技中介等，着重强调信息传递功能、科研支持功能、检验检测功能、技术中介与技术转移功能等方面。创新平台在服务广度与深度方面仍有所限制，特别是在根据产业发展需要建设相应服务功能方面仍有较大的发展空间。

（3）提出开放式的建设模式

虽然提出了开放式的建设模式，但是在汇集创新资源方面仍未能探索出较好的模式。目前创新网络的重点仍然集中在平台本身，与外部联系不多，产学研等合作模式的探索仍有待加强。

这种技术创新网络概念是在围绕专业镇创新平台建设为核心的前期经验总结提炼出来的，对于一个镇特定行业的发展有着十分重要的指导作用。但是从全省角度对专业镇发展所需的创新网络建设进行论述，则相对还不充分，特别是，对跨区域、跨行业专业镇创新网络如何促进各创新主体在相互合作过程中建立持久稳定关系和网络形成后的运行等问题，并没有充分研究。目前的网络形态还是比较初级，创新网络中缺乏一个核心创新主体对各主要结点进行资源整合交互，尚未建立协同创新机制，各创新主体之间的关系还是比较薄弱。在这一阶段的技术创新网络的基础上，专业镇创新网络进一步发展，并最终进入了全新的发展阶段。

三、广东专业镇创新网络建设

(一) 广东专业镇创新网络的概念

广东专业镇创新网络是指:为了提高企业创新能力,广东专业镇内各创新主体(企业、高校科研机构、政府、中介服务机构、金融机构等)在长期正式或非正式合作交流过程中形成持久稳定系统。在这个系统内,信息、技术、知识、人员、资金等创新要素频繁流动和交互,各创新主体之间在相互作用中实现资源共享、协同创新,提升专业镇创新能力,推动镇域经济和社会的发展。广东专业镇创新网络指的是专业镇区域内的创新网络,而不是专业镇某一产业集群的创新网络,是广东区域创新网络重要组成部分。在专业镇发展前期的探索中,科技部门探索了依托本地科技创新中心建设去构建创新网络的做法。前期以创新平台建设为核心的技术创新网络建设是专业镇创新网络建设的重要阶段,也是下一步广东专业镇创新网络演变发展的基础。

(二) 广东专业镇创新网络的特征

广东专业镇创新网络既带有区域创新网络的特征同时又具有专业镇的特征,因此归纳起来,其主要特征有:区域性、产业集聚性、动态性、开放性、产学研结合。

1. 区域性

广东专业镇创新网络是全省342个专业镇地域内各创新主体及其相互之间所结成的区域性网络,属于广东区域创新网络中的一部分,不包括高新区、民科园等创新网络。

2. 产业集聚性

在镇（街道、区）范围内，有一个或几个明显的特色产业为主导，以特色产业为核心，集聚了大量的企业，以中小微企业为主，企业沿产业链形成水平或垂直的分工体系，特色产业明显是专业镇的重要标志。

3. 动态性

从广东专业镇创新网络形态的演变过程看，各创新主体及其相互之间的网络关系随时都在发展变化中，从开始只是企业间产业链条建立的产产网络发展成现在政产学研中金创新网络，创新主体和网络结点的增加，网络之间的联系由不连续和不稳定的网络关系转变为连续稳定的网络关系，因此广东专业镇创新网络的形成是一个发展过程，从而呈现出动态特征。

4. 开放性

广东省科技厅通过"三部两院一省"产学研合作，打破镇级的行政区划限制，在镇外寻找更多的合作伙伴，通过镇域间知识、劳动力、技术、信息和资金等创新要素的流动和交互，从而获得镇外的知识、信息、技术、劳动力、资金等互补性的资源，不断开拓新市场。因此，广东专业镇创新网络呈现出开放性的特点。如东莞大朗以生产羊毛衫名扬天下，是传统的毛纺产业专业镇。但是在与广东省科学院合作下，中国散裂中子源项目（CSNS）落户于大朗，通过集聚一批世界顶级科学家和实验用户，催生生物医药、新材料、新能源等新兴产业崛起，必将填补国内脉冲中子应用领域空白，成为世界新一代四大脉冲散裂中子源之一，为大朗专业镇产业转型升级和城市升级提供强有力支撑。

5. 产学研结合

针对专业镇地处基层,科技创新资源严重匮乏的问题,广东省科技厅运用省政府与科技部、教育部、工信部和中国工程院、中国科学院的"三部两院一省"的产学研合作机制,充分发挥高校科研机构技术、设备、人才等优势,组织高校、科研机构与专业镇进行产业对接,开展密切的产学研合作,通过派驻科技特派员、构建专业镇创新联盟和开展"一校(院、所)一镇"等方式建立和完善专业镇"点线面"结合的产学研合作体系,创新合作方式,有效地推动镇域创新。

(三)广东专业镇创新网络基本架构

广东专业镇创新网络基本架构包括组成创新网络的各主要结点,各个结点联结关系,以及各创新主体在参与创新活动中产生创新要素流动和交互,政产学研中金广东专业镇创新网络正逐步形成。

广东专业镇创新网络的主要结点是由企业、高校和科研机构、政府、中介服务机构和金融机构5个方面组成。企业是网络中最重要的经济单元,也是参与创新,实现创新增值的最直接创新主体;高校科研机构作为知识和技术的重要提供者,直接参与新知识的创造、传播和应用,是知识创造以及高素质人才培养的源泉;专业镇政府和各级政府部门虽然不直接参与创新活动,但在积极构建区域发展的创新环境、推动创新网络的形成与发展、规范市场行为等方面发挥着主导者和推动者作用;中介服务机构与政府部门一样,虽然本身不直接参与创新,但却是技术创新供需双方的纽带,对各创新主体的创新活动发挥着桥梁与纽带作用;金融机构包括专业镇内外的国有银行、地方的商业银行、基金公司、风险投资机构、担保机构以及证券市场等金融机构,他们通过提供金融资本直接影响创新活动的产生与增值。广东专业镇创新网络正是这些结点之间的相互作用、协同创新而形成的（见图3-4）。

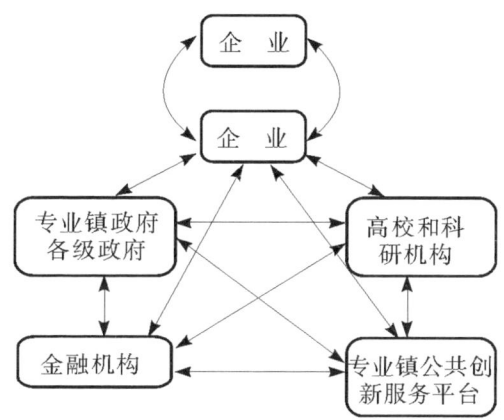

图3-4　广东省专业镇创新网络的基本架构

1. 企业

专业镇内创新能力比较旺盛，包括各类正常生产特色产业经营活动的企业。根据广东省专业镇统计数据，2012年全省专业镇内全部企业数为45万家，占全省企业总数91.8%；工业总产值4.2万亿元，占全省比重40%；其中规模以上企业近2.3万家，占全省比重61%；但是专业镇内中小微企业有40.8万家，占专业镇内企业总数的91%，高新技术企业数仅1478家，占全省高企数量27%，可以看出虽然专业镇企业体量较大，但是却是以中小企业为主，企业自主创新能力较弱。

2. 高校和科研机构

由于广东专业镇地处基层，区域内的高校、科研机构几乎没有，因此只能从外部引进高校和科研机构为其所用，因此这里所提到的高等院校主要包括教育部直属高校、国家重点建设高校、地方院校和职业技术学院,如清华大学、电子科技大学、上海交通大学、中山大学、华南理工大学、华南农业大学、广东工业大学、五邑大学、佛山科学技术学院等,这些高校和研究机构虽然不在专业镇内,但是却通过企业科技特派员服务企业,牵头或参与组建创新联盟,实施"一校(院)一镇"等多种形式为企业和专业镇服务。科研机构主要包括全省四大主体科研机构,即工业、农业、社会发展、科技服务业科研机构(即广东省工业技术研究院(以下称"省工研院")、广东省农业科学院(以下称"省农科院")、广东省社会科学院(以下称"省社科院")、广东省科技服务业研究院(以下称"省科服院")下属的各研究所)以及国家部委,各地市、县(区)等部门所属的科研机构。

3. 政府部门

与专业镇关系密切的是各镇级政府,同时也包括省,各地市、县(区)政府部门。尤其是镇级政府在营造和优化专业镇创新环境如基础设施建设、科技发展战略规划制订、加大科技投入、区域政策制定等方面发挥重要作用。

4. 中介服务机构

专业镇内的中介服务机构主要是以各类公共创新服务平台为主,包括各种促进知识创新、成果转化的机构以及在创新活动中起到桥梁和纽带作用的组织或机构,如各级生产力促进中心、技术创新中心、创业服务中心等,还包括为创新活动提供咨询、指导和服务的机构或组织,如各类行业商(协)会、会计师和律师专利事务所、咨询公司、人才服务中心等。

5. 金融机构

金融机构包括专业镇内外的国有银行、地方的商业银行、基金公司、风险投资机构、担保机构以及证券市场等金融机构。由于专业镇地处基层，各类金融机构严重匮乏，更需要引进外部资源。

（四）广东专业镇创新网络主要结点关系

在广东专业镇创新网络中，各创新主体都作为结点在区域内的创新活动过程中发挥作用。主要结点关系是指各结点之间在创新活动过程中知识、信息、技术、劳动力和资金等创新要素流动和交互而建立起来的正式或非正式的各种合作关系。

以企业为中心的企业外部创新网络，主要包括企业在产业垂直链条的上下游供应商、代理商、服务商、客户之间的合作关系以及产业水平链条的竞争性、互补性企业之间的竞争与合作关系，企业与高校科研机构、企业与中介服务机构、企业与金融机构的合作关系等等。其中，企业间的结点关系，是企业实现创新增值最重要的网络关系。除了这些正式的网络关系外，非正式的社会关系网络和企业家或员工个人关系网络往往在促进知识、技术和信息等创新要素流动、扩散和传递等方面发挥着重要作用。同样也影响广东地区社会资本和交易成本程度，影响着区域内知识、信息、技术等创新要素积累与创新或知识增值过程，从而影响企业生产效率的提高和产业竞争力的提升。

同样，区域内的网络结点关系也存在于高校科研机构与政府部门、中介服务机构和金融机构等各创新主体之间，存在于政府部门与中介服务机构、金融机构之间，存在于中介服务机构与金融机构之间，通过彼此的相互交流与合作而建立起来的网络关系。这些网络关系，由于各创新主体间合作的紧密程度或时间长短不同，而呈现出的强弱程度不同。

第四章　广东专业镇创新网络构建与运行

广东专业镇创新网络各创新主体通过积极活动把各自的知识、技术、劳动力、信息和资金等创新资源连接起来，利用相互间的互补性，相互融合，在突破原有边界的前提下，使先进知识和技术迅速扩散开来，促使创新资源在流动中进行整合和交互，形成协同创新的能力，产生大量技术创新活动。如何在更大的范围内更有效地配置创新资源，提高企业的创新能力和产业竞争力，实现"多赢"目标，是广东专业镇创新网络构建过程和运作中需要考虑的。在前期创新平台建设取得较好成效的基础上，在专业镇面临转型升级的突出需求的基础上，专业镇创新网络建设逐步向纵深发展。

一、广东专业镇创新网络构建方式

广东专业镇创新网络构建是通过形成一个有机的整体，以实现网络结点主体所期望的效果倍增。因此按照广东专业镇创新网络各创新主体之间的相互关系，其结点结网方式可以归纳为：产产网络、产学研网络、政产学研网络、政产学研中网络、政产学研中金网络等方式。

（一）产产网络

产产网络是企业与其供应商、代理商、服务商和客户以及竞争性或互补性资源的企业等之间建立的产业组织网络。企业战略联盟是一种比较典型的产产网络。企业与企业通过战略联盟这个平台互相学习，促进知识、信息、技术、劳动力和资金等创新资源的快速流动和交互，实现不断创新。企业采用各种方式与外部进行合作，根据产业专业化分工协作不同，合作方式主要有：水平、垂直和水平垂直共存。其中水平合作表现为与竞争对手和互补性企业的合作；垂直合作表现为上下游合作，即与上游的供应商和下游的代理商、客户合作；水平垂直共存即区域内同时存在水平和垂直合作。如古镇灯饰专业镇目前已形成了水平产业协作——物流、出口代理、会展等，垂直产业协作——五金、玻璃、灯丝等零配件以及其零售和批发代理，同时产业从整个古镇扩散到附近的小榄、横栏、板芙等，甚至扩散到佛山均安、江门外海和荷塘等，其生产和销售网络遍布全国和海外，产产网络规模不断扩大。

（二）产学研网络

产学研网络是指企业、教育、科研三方机构为了共同的市场需求和整体利益互相配合，发挥各自优势而结成产学研网络；在市场经济引导下，采取多种合作方式开展科技研发、生产经营、市场销售、咨询服务等经济活动；产学研合作基于发挥产学研各方组织的资源优势、各取所需、优势互补的基础上，在相互协作中获得协同效应。其中，企业是创新的主体，企业在产学研合作中发挥着重要的主导作用，高校和科研机构的主要目标是解决企业的需求，高校和科研机构是重要依托，为企业提供丰富的科技成果、高素质人才和先进的设施设备，是产学研合作的技术源头。目前，广东专业镇创新网络中的产学研合作主要有技术转让、委托开发、重大技术引进、合作开发、共建研发机构或经济实体等 6 种形式，可大致归纳为低中高 3 个层次。

1. 技术转让、委托开发、重大技术引进

根据学研方和企业方在介入研发过程阶段的不同，可以分为技术转让、委托开发、重大技术引进等形式。这种合作方式能够将技术成果迅速转化为产品，表面上看起来合作效果明显，特别是在企业刚起步阶段。但是从企业的成长角度来看，企业仅仅将其掌握的市场信息转化为创新需求，整体委托有实力的科研机构开展技术研发，成果的后续服务都由科研机构来承接，企业很难进行技术的进一步学习、消化和吸收，无法进行二次开发，自身创新能力难以提高，对于企业可持续发展非常不利。因此属于较低层次的合作模式。

2. 合作开发

合作开发是基于校企双方充分沟通基础之上，在合作中双方同时进入开发过程的整个或部分阶段。通常高校科研机构提供的技术往往处在实验室阶段，尚未产业化。因此需要企业本身具备一定的技术开发能力，把高校科研机构所提供的不成熟产品，进行消化、吸收，进一步开发、测试，进行产业化，转化为市场所需的产品。对企业而言不需要一切从头开始研发，对高校科研机构而言不需要增加产业化所需场地和设施设备。因此这种方式为大部分企业选择，企业的创新能力得到有效提高。因此属于中层次的合作模式。

3. 共建研发机构或经济实体

共建研发机构或经济实体是高校科研机构与企业共同参与研发、生产、销售，组成利益共同体的一种合作模式。这种模式能够短时间内实现技术创新、人才培养、新产品产生等各方面目标。这种合作以开发前沿技术为主要目标，而不仅仅开发目前市场需要的产品，通过对未来技术储备，满足未来市场的需求，这些技术将对企业甚至行业的发展起着重要的引领作用。这种方式需要解决的关键性问题是产权归属和利益分配问题。显然，这对企业技术创新能力的要求要高于前两种合作，企业需具有将行业共性关键技术转化为自身的产品的能力。这种方式由于与科研经济市场紧密结合，抗风险能力强，属于高层次的合作，在国外发达国家应用居多，而目前在广东这种合作方式比较少。

（三）政产学研网络

政产学研是指政府介入产学研合作，共同促进科技成果转化为生产力的一种方式。从理论上讲，"政产学研"代表着对市场经济初期或计划经济下政府全能作用的理解。政是政产学研的灵魂，产是主体，学是源泉。政产学研正是由政府带动，企业、高校、科研机构共同推动创新的有效形式。

在发展中国家，由于政府部门管理职能强，政府对科技经济等领域的影响远远要比发达国家直接和有力。目前中国市场机制尚不够完善，当科研机构和其他创新要素被属地分割部门垄断的时候，政府通过有形的手有针对性地组织实施产学研合作，远远比由企业与高校科研机构通过市场自由组合开展合作更加顺畅和有力。在企业和高校科研机构合作过程中通过政府介入，可以有效解决因为利益分配不均、知识产权归属等问题出现不融洽、不稳定的合作关系。在产学研合作过程中政府通过宏观指导、制定政策、建立合理利益分配机制、保障服务和财政资金投入等，从而起到协调和推动作用，协调各方的关系，促进合作的顺利进行。

1. **政府影响企业的创新活动**

在各创新主体中，政府并不直接对企业的创新产生影响，而是在与企业交流过程中通过传递一些市场或产品、政策信息从而影响企业的创新活动，企业反馈政策实施情况，促进政府调整或重新出台新措施、新政策，即企业与政府之间互相学习的过程。通常这种学习的路径主要有：一方面政府通过座谈会、研讨会、交流会、论坛、政策宣讲会、路演等形式，组织区域内的企业传达市场或产品信息和政策信息；另一方面政府官员通过深入区域内的企业进行实地考察，了解政策实施效果，同时对企业的经营管理、企业发展等提出一些指导性建议。即使区域内有小部分企业较少与政府直接打交道，但是它们与政府之间仍然有一种学习的途径，可以通过电视、报纸、网站、APP等媒体了解相关信息和政策，间接地学习。

2. 政府促进产学研合作

在政府的倡导与引导下，高校科研机构的科技成果与企业精准对接，使产、学、研有机地结合在一起，促进科技成果转化。兴办新的经济联合体就是一种有效的模式，不仅有利于科技与经济结合，促进生产和社会发展，对高校科研机构的发展也起着相当大的促进作用。

3. 政府促进科技金融结合

广东各级政府在促进科技金融结合方面先行先试进行了探索：一是推进全省科技金融综合服务网络建设，通过在各地市、高新区、专业镇建设科技金融综合服务分中心，打造科技和金融资源的一站式平台，为企业提供层次多、维度多的投融资服务。二是推动科技金融融资体系发展，通过省级风险准备金、省市联动风险准备金和科技企业孵化器信贷风险补偿金等方式，对银行贷款过程产生的风险给予一定补偿，引导银行扩大科技信贷；设立天使投资基金、重大专项创业投资引导基金和重大科技成果产业化基金，在母基金带动下，充分发挥财政资金的杠杆作用，引导社会资本进入，通过政策性风投和商业风投结合，整合金融资本、民间资本与产业资本，加大对高技术产业的投资力度。

（四）政产学研中网络

中介服务机构是指可为企业提供专业的社会化服务的组织机构，一般介于政府和企业之间，是企业的好帮手和政府的好助手，发挥政府和企业之间相互联系的桥梁和纽带作用。中介服务机构，尽管不是创新主体，本身不直接参与创新，但是在促进企业创新和发展，特别是扶持中小企业发展，以及区域创新网络形成与发展特别是促进企业与各创新主体之间的联系等方面发挥着重要的黏合剂和催化剂的作用。中介服务机构的特点是：专业化水平高、组织形式多种多样，可为多方合作、股份制运作，也可以是政府支持或参与等形式。由于中介服务机构内集聚了技术、管理、融资等多方面的专家，可为企业提供专业化多形式服务。在专业镇内，中介服务机构通过各类专业镇公共创新服务平台为表现形式为专业镇提供各类创新服务。专业镇公共创新服务平台建设模式主要有四类：

1. 政府主导型

目前大部分的平台都是政府主导型平台，以政府投入为主，引导企业、高校和科研机构、中介服务机构、金融机构等多主体共同参与建设，主要为专业镇企业提供产业关键共性技术服务以及科技中介、信息咨询和人才培训等创新服务。平台的投入、建设和运营的主体都是政府，具有公益性。如为促进西樵纺织产业发展，西樵镇政府于1998年成立了佛山西樵镇的南方技术创新中心，建有新产品新技术研发中心、质量检测中心、融资担保中心等28个服务部门，可为西樵镇以及广东近20个纺织服装专业镇服务。其建设及运营主要依靠镇政府的长期投入，至今镇政府已累计投入超1.2亿元，为平台建设和运行提供了有效的资金保障。专业镇公共创新服务平台在建设初期，政府资金投入发挥了重要的作用。

2. 市场化运作型

市场化运作型平台可分为两种。一种是政府引导、市场化运作，此类以中山小榄生产力促进中心为代表。初期由镇政府投资建设，已实现市场化运营，建有技术创新中心、质量检测中心、企业融资服务中心、信息网络中心、工业设计中心、科技孵化器等六大部门，均成立独立公司进行运作，以项目合作的形式设立多个服务经济实体，为企业提供相应的服务。中心拥有一支600多人的专业化服务团队，其中中高级职称人员占三分之二，2011年中心各项目服务收入达5 755万元，服务企业近5 000家，完成服务合同10 177份，开展各类讲座及培训204场，培训学员11 826人次。另一种是企业主导型，这是平台未来建设方向和目标。企业牵头联合高校和科研机构、中介服务机构、金融机构等各创新主体共同建设创新平台，建设主体为企业，实行市场化运作，通过为企业提供有偿服务而实现可持续发展。如成立于2006年的东莞虎门技术创新服务中心就是由虎门富民服装公司投资建设并运营，通过与香港理工大学、华南理工大学等开展产学研合作，为企业提供设计研发、质量检测、品牌发布、电子商务、科技成果对接、管理咨询等创新服务。

3. 行业协会主导型

行业协会主导型平台以专业镇内各类行业组织如行业协会、商会、学会等为建设主体，政府引导和依托，整合各类创新资源共建平台，为特定领域的企业通过举办研讨会发展服务。如清远市再生金属科技创新服务中心由清远市再生金属行业商会专门成立公司进行运营，同时将清远市再生金属资讯中心、铜交易中心、再生金属分析测试中心和再生金属产业研究所等对再生金属资源进行整合，促进知识的流动和交互。创新服务中心自成立以来通过举办研讨会或培训班，联合企业组织技术攻关和成立创新联盟等形式为企业服务。如广东省再生金属综合利用产、学、研技术创新联盟由清远市再生金属行业商会组建，整合多方资源，采取公益服务无偿与微利相结合，独立运作，实现可持续发展。该类平台行业协会处于主导地位，政府扶持、企业参与平台建设，创新服务有一定市场收益。

4. 产学研联盟主导型

以产学研结合形式组建联合开发、优势互补、互利共赢、风险共担的技术创新合作组织。如佛山顺德区的白色家电产学研战略联盟由美的、科龙、格兰仕等 10 多家家电龙头企业，联合清华大学、同济大学、上海交大、中科大等 10 余所高校共同建设。将高校的优质科研资源引入专业镇并与本地龙头企业合作，形成长期稳定的合作关系。

（五）政产学研中金网络

金融机构既包括一些国有银行机构或金融组织，也包括一些商业银行、基金公司、风投机构、担保机构等企业性质的金融组织。金融机构可以间接参加区域创新活动，促进区域创新网络的发展。专业镇内金融机构作用模式主要有：

1. 直接或间接对企业的资金支持

金融机构对企业创新支持方式有如下方面。一方面，直接为企业提供资金支持，如为促进企业创新提供长期低息政策贷款，为寻求新技术、新产品的企业提供资金支持，为风险投资家提供风险资本等。目前中小企业融资渠道比较单一，适合中小企业的金融产品较少，像供应链融资、行业平台担保、小额贷款、知识产权质押融资等开展不多，在专业镇只有中山小榄和古镇建有科技金融服务中心，其他的大部分只是各种银行机构在专业镇内建设服务网点为企业提供融资服务。另一方面，间接为企业提供资金支持。如通过各种形式的基金公司或风投机构为企业提供资金支持。按照投资阶段的不同，可分为种子基金，主要投资于新产品开发；创业基金，主要投资于新企业设立；成长性基金，主要投资于市场推广和技术完善。各种基金公司和风投机构的存在，比银行机构更灵活，因为他们善于发现有潜力的高科技企业。

2. 为高校、研究机构和中介机构提供资金

高校、研究机构和中介机构的存在可以促进企业的诞生、发展和创新。金融机构为其提供必要的资金支持，促使其进一步发挥辅助创新作用，最终作用于企业这个创新主体上，促进创新网络的形成和发展。

在政产学研中金创新网络中，"政"是引导和监督者，"产"是主力军，是创新主体，"学"、"研"是助推器，"中"是协调者，"金"是支持者。政产学研中金是世界各国科技与经济结合成功的经验，是把科技成果转化为生产力的最好途径之一。随着中国市场经济的发展、体制改革的深入，政产学研中金合作模式向更高层次发展，如共建技术中心、共建经济实体等，但无论哪种模式，都应是政府、企业、高校、科研机构、中介服务机构和金融机构各创新主体之间优势互补、利益共享基础上的一种自觉行动。

二、广东专业镇创新网络各结点的结网过程

广东专业镇各创新主体在参与创新网络结网的过程中，其活动主要受到内部和外部两种力量的影响。外部力量，主要包

括外部的技术和市场需求、公共政策和新技术发展、劳动力增减等；内部动力主要来自各创新主体内部协同创新发展的需求。因此，其结网的过程，主要分为三个阶段。第一阶段是创新资源的整合：各创新主体由于创新风险和复杂性的不断提高，达成了在区域内整合创新资源、共同创新的合作愿望；第二阶段是合作行为的建立：创新主体开始构建网络节点之间的链接，建立相应的合作行为；第三阶段是共同文化的营造：在长期合作过程中创新主体逐渐营造了共同文化，增强了信任关系，最终形成了"根植性"，如图4-1所示。

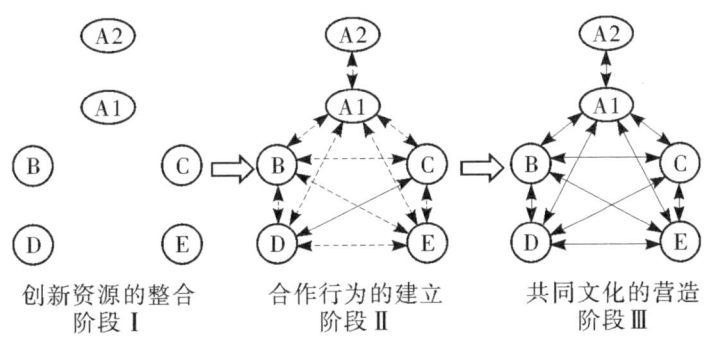

图 4-1 结网过程

A1、A2 代表企业；B 代表政府；C 代表高校、科研机构；D 代表金融机构；E 代表中介机构；◂----▸代表间断、不稳定的网络联系；◂——▸表示连续、稳定的网络联系。

（一）创新资源的整合

由于市场竞争激烈，技术革新加速，作为技术创新主体的企业由于自身创新资源的局限性，较难适应这一发展趋势，需要寻求与镇域内外创新资源的合作。专业镇最显著的特征是小企业、大产业、小产品、大市场，中小微企业众多，占专业镇内企业总数的91%。一方面，中小微企业由于其规模小，在资源获取、设施设备、研发能力、高素质人才、市场开拓等方面与大型企业相比均处于明显的劣势。另一方面，由于经济快速发展与市场需求的激增，对企业创新速度和质量要求愈来愈严格，创新风险与创新投入随之增大，这使得企业的技术创新必然超越企业自身现有的资源与要素，从而更积极地去寻求与镇域内外的创新资源的合作。

高校和科研机构通过与资源互补的企业合作，可以有效解决企业人才短缺、培养和成果转化等问题。因此，高校和科研机构与企业之间如果存在着资源的互补性，会使双方都产生强烈的合作愿望。此外，产学研合作也是国家大力倡导的政策，尤其是广东把实施"三部两院一省"的产学研结合作为增强企业自主创新能力和产业转型升级的重要举措，促进科技与产业结合。

（二）合作行为的建立

如图4-1中阶段Ⅱ所示，各创新主体达成共同整合创新资源的愿望后，开始建立相应的合作行为，但此时的网络联系呈现出间断、不稳定特点。

首先，作为知识和技术重要提供者的高校和科研机构直接参与知识创新、传播和应用。创新网络为高校、科研机构和企业提供了相互交流的平台，企业对合适的高校和科研机构提出相关的技术需求或者提供必要的科研经费支持，高校和科研机构根据企业需求开展技术攻关，或者高校和科研机构根据前沿学科和技术的发展开展技术研发并产生相关的科研成果，可自行以投资转化、转让、许可等多种方式面向企业进行科技成果转化。正是这种双向互补的需求致使网络结点频繁交流，增大了创新资源体量，增加了创新机会。

其次，企业作为技术创新的主体，由于专业化分工协作而形成的企业网络不仅仅是一个灵活的生产制造系统，除了能低成本高效地生产出新产品，不断满足日益多变的市场需求之外，还能通过企业间不断交流和沟通，形成一条无形的创新链。通过该创新链，企业间不断开展技术、知识、制度和文化等方面的交流与合作，大大降低每个企业创新风险和投资成本。此外，由于分蘖机制，企业还会不断裂变和衍生出更多的企业。企业衍生是连接科技成果与商品之间的桥梁。衍生出的企业往往极具创新活力，它们能发掘出被原企业所忽略的技术和市场，从而促使某一细分领域技术和产品的进一步创新。

第三，政府部门作为创新网络的建设主体，是创新网络的组织者、建设者和维护者。在创新活动开展过程中，政府通过法律、经济和组织管理手段在制度、文化和政策层面创造良好的创新发展环境，引导高校、科研机构和企业之间的合作，保护创新成果和协调各创新主体间的矛盾和冲突，促使各创新主体之间发挥协同效应。

第四，中介服务机构在技术创新方面发挥沟通和协调作用。技术创新是一种高度社会化的活动，在创新网络形成之前，相互之间有一个寻找、选择及被选择过程。许多企业在技术创新过程中的某一环节感到力不从心，或缺乏某类资源，均可从高度社会分工的中介服务机构中寻求帮助。

最后，金融机构给予资金支持。技术创新是一项高风险的活动，企业能否融到资金成为技术创新是否成功的关键。

（三）共同文化的营造

如果区域内已经存在有实力的高校、良好的基础设施设备、充足的劳动力资源和众多的投融资机构，仅仅具备了创新网络的"外壳"，创新网络是否能真正形成，进而推动当地经济发展，还要看区域内能否形成稳定而坚固的社会文化网络结构，能否形成"根植性"。即使区域内创新主体逐渐建立了合作行为，但是如果还未能形成共同的文化，就还不能算作形成了区域创新网络。

各创新主体结网的目的是为了创新，但网络创新不仅是一种经济行为，还表现出社会与文化特征。由于不同的区域具有不同的民族、政治、经济和文化特点，区域内的创新主体想得到长足发展，就必须深深扎根于本区域的社会文化之中，这就是"根植性"问题。充满活力的社会文化环境，可以保证经济活动和技术创新的可持续发展。在促进创新方面区域根植性主要表现为渐进式创新——"干中学"和"用中学"式的创新。创新网络在对外交流合作中，注重根植性培养，即本地化过程，才能源源不断地从本地的创新环境中汲取"营养"，增强创新网络整体的创新能力和活力。

各创新主体在长期合作的基础上，深深扎根于本区域的社会文化之中，营造了共同文化，增强了彼此间的信任度，最终形成了根植性。通过企业在当地扎根和结网所形成的企业集聚，促进企业间建立交流合作平台，从而强化企业技术创新的能力和提升竞争力。区域内营造了共同文化，能够强化区域内创新主体的网络联系，使其逐渐演变成连续、稳定的网络联系，如图4-1阶段Ⅲ所示。

三、广东专业镇创新网络连接机制

在广东专业镇创新网络的构建中，各创新主体为了形成信息、知识和技术等充分交流、互补及共享的网络，目前已初步建立了一定的动力机制和协调机制，如图4-2所示，而利益分配机制尚未建立。

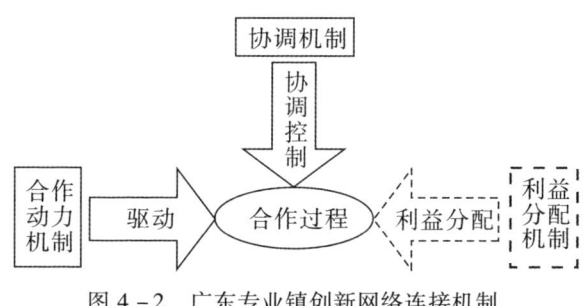

图4-2 广东专业镇创新网络连接机制

（一）合作动力机制

创新网络的形成与正常运行，要求网络各创新主体保持稳定而持久的动力。动力机制是指创新网络内各创新主体相互作用而产生的内部与外部动力形成的机制。内部动力包括共同的利益、共同的学习需求，变革及政府的政策推力是外部动力。目前广东专业镇创新网络已初步建立了合作动力机制。

1. 经济利益

利益的驱动是企业存在最原始和最本质的动力，以经济利益为原动力的各主体相互合作形成互相配合的良性循环，形成连续、稳定的网络连接。

2. 共同学习

各创新主体除了获取经济利益外，为了促进知识、信息的流动以及交互需要而相互学习。通过合作、交流与沟通，逐步建立互信关系，创建共同创新合作文化，加强持续稳定的网络连接。

3. 降低创新风险

创新过程是一个复杂而长期的活动，从而造成企业进行技术创新的风险与难度变大。企业迫于自身生存发展的需要与外部环境的压力，为降低创新风险而向外部寻求创新资源。

4. 推动区域发展

随着市场机制不断完善和竞争环境的变化，促使区域成为相对独立的经济主体，政府会关注区域经济发展和区域利益，从而产生促进创新、促进创新网络结网的动力。

（二）协调机制

在合作过程中，创新网络各主体由于文化、决策、信誉等的差异，合作并非一帆风顺。因此，需建立有效的协调机制，对合作过程进行协调和控制，保证合作的顺利进行。目前广东专业镇创新网络已形成了一定的协调机制，特别是在政府宏观协调和中介机构方面。

1. 政府宏观协调职能

政府规范和协调广东专业镇创新网络各主体的行为，主要通过制定一系列的政策体系、优惠措施等，尤其是镇级政府更是发挥其地域上的优势，对某些创新主体的行为进行协调，消除矛盾，达成共识，进而创造合作机会。

2. 中介机构的协调作用

专业镇公共创新服务平台在促进企业创新和广东专业镇创新网络形成与发展过程中起着重要的桥梁和纽带作用，一方面传递市场信息，促进信息的共享，另一方面对于合作过程中出现的矛盾，可以及时进行协调，保持合作的继续，促进网络的进一步发展。

(三) 利益分配机制

利益分配是创新网络中各创新主体最为关心的话题。明晰了利益分配问题，引导各创新主体在创新网络中最大限度发挥自身的作用，保障创新网络公平公正的原则。区域创新网络利益分配机制的核心是促进多赢与利益共享。创新网络合作各方的资源共享、优势互补是产生多赢合作的根本所在。目前广东专业镇创新网络构建过程中，利益分配机制尚未建立健全。创新网络实现的利益主要考虑有形与无形资产的贡献与影响。有形资产通过如新产品的利润、服务或者技术转让的收益、获得财政资金支持和补贴等来体现，因此相对容易掌握，通过签订相关合作协议就可以防止分配不均。但是无形资产的利益分配如知识产权、商标、信誉和品牌、人才培养以及知识流动，相互学习产生的经验、能力和竞争力的提升等等，相对来说就比较难控制。例如产学研合作过程中，在科技成果产权归属上的问题较多。因此，要提高专业镇创新网络各创新主体进行合作的积极性，需掌握利益分配的基本原则：平等性、公平性、协商性等，确保利益分配过程中尽可能做到公平合理。

四、广东省专业镇创新网络的运行

(一) 运行模型的建立

在专业镇创新网络中，信息、人才、资金、环境等科技资源通过创新网络频繁流动，共同提升广东专业镇的创新能力。各创新主体之间有效互动、产生协同的行为就是创新网络的运行（见图4-3）。

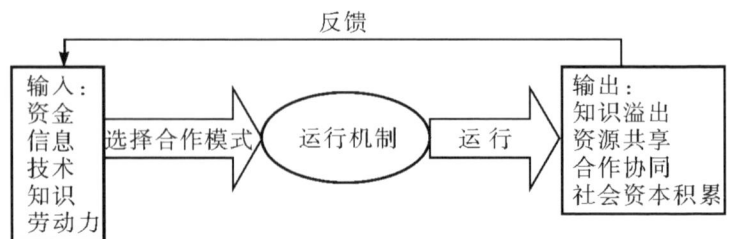

图 4-3 广东专业镇创新网络运行模型

广东专业镇创新网络作为一个系统，运行时需要输入一定的要素。输入要素主要包括资金、信息、技术、知识和劳动力等方面。不同的输入要素产生不同的合作模式。为了保证创新网络的正常运行，还需要建立一定的运行机制，包括创新机制、学习机制、信任机制、维护机制等。通过网络的运行产生一定的效应，包括知识溢出、资源共享、合作协同和社会资本积累等，不断提高专业镇创新网络的运行水平。

（二）输入要素分析

在广东专业镇创新网络中各创新主体进行技术创新活动，所需要的资源包括资金、信息、人才、创新环境、知识、技术、政策等。资金，是企业开展技术创新的基本条件，没有资金支持就无法开展技术创新活动。信息，随着网络时代、信息技术的快速发展，各主体可以通过各种渠道及时获取相关的信息资源，特别是非正式的交流，促进知识的流动与传播。人才，一切创新活动需要人才，特别是具有专业技术或管理知识的人才。创新环境，包括社会文化环境和市场环境以及政府调节环境等，社会文化环境包括文化背景、价值观念、人们对于技术创新的认识和态度等。社会文化环境往往通过其他环境因素影响而间接起作用；市场作为资源配置的一种方式，具有知识吸纳、信息传递和资源配置功能，市场不仅包括商品市场，还包括技术市场、资本市场、信息市场等。政府在调节环境中起着重要的作用，政府发挥宏观调控作用，促进各创新主体之间产生协同效应。

（三）运行机制分析

广东专业镇创新网络运行机制是广东专业镇创新网络运行的核心，由创新机制、学习机制、信任机制、维护机制等组成。

1. 创新机制

创新是创新网络的本质，没有创新，创新网络就会衰落。因此需要建立创新机制来推动专业镇技术和制度的创新，增强网络的创新活力。创新机制主要体现在技术创新机制和制度创新机制等方面。技术创新机制促进各创新主体协同合作，不断开展技术研究与开发，或自行研发，或模仿创新，或消化吸收再创新，形成自身的技术创新能力。制度创新机制是指改进现有制度或引入新的制度以提高制度执行的效果，促进技术创新绩效。

2. 学习机制

创新是学习的结果，不学习，则无法创新。信息和知识的共享是组成创新的基础，知识只有扩散与共享才能有效地发挥它们的作用并获得增值。因此，建立学习机制就是促使个人、机构内外进行多层次的跨界学习，从而促使知识流动与创新。

3. 信任机制

市场经济不仅仅是一种法制经济也是一种信用经济。为建立信任机制，建立和保持长期合作关系，可从以下几个方面着手：一是增加各创新主体之间沟通和交流，增进互信；二是政府创造良好的社会文化氛围；三是建立诚信信息数据库，解决企业或个人在交易中的信息不对称而引起的不信任问题。

4. 维护机制

由于各创新主体之间的网络联系随时会发生变化，知识、信息、技术等资源也在不断更新，需要及时对网络进行维护，主要表现在对各结点的筛选和管理上。对于适应环境变化的结点，维护机制将继续保持合作；对于不能适应环境变化和竞争要求的结点，维护机制将其从网络中删除或从镇域内外筛选新的合作伙伴。

（四）运行效益分析

广东专业镇创新网络的作用在于保持专业镇持续的创新能力和竞争优势。各创新主体之间有效的互动产生协同创新，在合作中经常地接触和交流，促进技术、知识、资金、信息、劳动力等创新要素快速传递和扩散，达到知识溢出效益。同时，在频繁的合作中实现了信息交流和知识共享，积累了丰富的社会资本，对合作起着胶粘剂的作用。

1. 知识溢出

广东专业镇具有在镇域上产业的集聚特征，因此企业可从几个方面获得知识溢出效益：一是从人员直接接触或人员流动产生的溢出效益；二是各创新主体之间通过直接联系产生的溢出效益，由于企业在地理位置上的集中，使各创新主体之间的交流和合作频率增加，加大了各创新主体的信息交流和知识的转移；三是示范溢出效益。在镇域内，新理念、新产品、新工艺、创新服务等，很快得以传递和扩散，起到示范作用，而后面的企业竞相模仿和追赶，从而提高专业镇的整体创新水平和创新效率。

2. 资源共享

因为任何企业都不可能在所有的资源中占有绝对优势,特别是对于企业的内部资源,不能完全流动和交易,如独特的生产工艺、R&D能力、营销渠道、市场经验等无形资源,很难直接获取,须通过建立合作关系,才能获得这些独特的资源,从而实现双方资源的共享和互补。

3. 合作协同

各创新主体合作是不同机构之间的合作,合作的目标就是产生协同效应。广东专业镇创新能力的提高不是取决于网络内高校和科研机构的科技资源的多少、企业的创新能力以及镇政府政策的有效性,而在于创新网络中各创新主体之间相互作用时能否产生协同创新能力,通过网络合作发挥各自优势,在网络组织中进行知识、技术、信息的传递,促使各创新主体在经济和技术上共生,从而迅速开展协同行动,产生协同效应。在创新网络上,信息、技术、劳动力、资金、知识等创新要素不断流动,各创新主体采取各种合作模式相互作用,各尽所能,各得其所,取得"1+1>2"的效果。

4. 社会资本积累

社会资本是指个人之间、企业与企业之间、群体之间的社会关系的总和,信任关系的形成是社会资本维持和发展的前提。若企业间在追求利益的过程中能形成相同的价值取向、有共同的语言、追求共同的愿景,会使企业根植于本地,融入当地社会,促进知识的传播与扩散,带来合作的可能。充足的社会资本可以有效地减少合作中的沟通协调成本,促使合作更易于进行。因此,社会资本越丰富,各创新主体之间的关系越密切,信息交流和知识共享越频繁,企业获取创新资源越容易,从而提高创新的效率，降低创新的风险。

五、广东专业镇的创新环境与存在的问题

创新环境是创新网络的基础与外部氛围，是创新网络的承载、支撑。创新环境与创新网络共同构成了区域创新系统。通过对创新环境的调查与了解，我们可以更好地把握专业镇创新网络的发展情况，了解存在问题，并寻求解决之道。更重要的是通过对创新环境与存在问题的调研分析，进一步探索新时期推进专业镇创新网络建设的方向。

据调研，53%的被访企业认为广东专业镇创新环境比过去好。约有61.11%的企业认为广东专业镇人才环境是制约企业发展的首要因素，其次是技术环境和法制环境（知识产权保护）。

在广东专业镇内，营销企业创新和发展的因素中，产品质量提高的可能性、专业化程度、服务的方便程度、企业获得信誉的可能性、市场营销成功的程度等方面都存在较大的优势（见表4-1），但是认为弱（低、少）排第一是与本地企业的合作程度，第二是中介机构的支持程度，说明专业镇内相互合作的社会文化环境并没有真正形成，要使专业镇内弥漫创新的空气，还需加大力度，改善创新环境，使企业融入一个乐于合作的社会文化环境，推动专业镇自主创新能力提高。

表4-1 广东专业镇创新环境评估

强弱对比 因素	强（高、多）		弱（低、少）	
	数量	比率/%	数量	比率/%
劳动力的获得机会	23	63.89	9	25
劳动力的成本	20	55.56	12	33.33
专业化程度	26	72.22	6	16.67
服务的方便程度	26	72.22	6	16.67
信息获得的机会	19	52.78	12	33.33
与本地企业的合作程度	16	44.44	15	41.67
中介机构的支持程度	16	44.44	14	38.89
本地的科学技术水平	19	52.78	13	36.11
产品质量提高的可能性	28	77.78	4	11.11
市场营销成功的程度	25	69.44	6	16.67
获得信誉的可能性	26	72.22	5	13.89

广东专业镇目前已初步建立创新网络，但是各创新主体之间联系较弱，尚未形成连续稳定网络形态，存在问题主要表现在以下几个方面。

（一）各创新主体合作层次需要提升

产业与企业间合作缺乏协同，亟须在产业链内提升合作紧密程度。据调查，有些企业认为与本地企业的合作程度弱，企业间的合作信任度较低，产业与产业之间、企业与企业之间缺乏协作，专业化协作程度低。如在全省342个专业镇中与电子产业相关的专业镇就有34个，如惠州惠环街道、罗阳街道、水口街道、陈江镇和新圩镇；梅州汤坑、西阳镇；江门江海区；肇庆睦岗街道、湛江罗州街道、珠海井岸镇等，仅惠州市内电子相关专业镇就有5个,主要是承接深圳产业转移,地方政府为了政绩考核而不考虑产业的布局,而这5个专业镇也并非错位发展,更没有形成电子信息产业链专业化分工与协作。而对于一些劳动密集型产业,如惠州园洲服装、江门鹤山沙坪制鞋、顺德乐从家具等,在一个专业镇里,几乎所有的企业都生产同一类产品,只是在产品类别、档次上有所不同,大多数企业缺乏核心技术,没有自主品牌,人才缺乏,较多依赖技术模仿,企业在产品、价格、营销模式上都存在严重的同质化。

(二) 高校、科研机构对科技支撑引领产业转型升级要求不相适应

广东充分利用"三部两院一省"的产学研合作机制,组织高校、科研机构与专业镇进行产业对接,开展密切的产学研合作,但是仍存在以下主要问题:一是企业与高校、科研机构合作层次偏低,目前专业镇企业与高校、研究机构合作方式主要是进行技术合作开发,占72.22%,而较高层次的合作模式如共建经济实体和研究机构则较少。二是高校、研究机构对人才培养发展的机制体制不够完善,通过调查,很多人认为广东专业镇人才环境是制约企业发展的首要因素,高校、研究机构培养的人才不能满足企业对人才的需求。

(三) 金融机构与政府、企业合作应更密切

专业镇内中小微企业数量占企业总数的91%,可是大量的中小微企业融资却面临较大困难:一是对于科技型中小微企业成长各阶段,政府金融支持政策、支持重点、支持方式、保障措施还不明确;二是中小微企业融资渠道较为单一。除了银行,企业很难从资本市场获得资金支持;虽然我国已于2009年正式设立创业板,但对一般企业来说,进入创业板的门槛还

是比较高，技术产权交易市场也没有充分发挥作用，技术交易和多层次资本市场还不够完善，严重制约了科技型中小微企业的融资发展；三是创新金融产品不多。目前，金融工具的创新明显滞后，知识产权质押、产业投资基金和集合信托债券等金融创新产品相对较少。

（四）政府宏观协调有待加强

目前省级部门积极出台促进专业镇发展的各种政策，在资金、人才上给予扶持，而对于市级政府层面上，目前仅限于珠三角部分经济较为发达的地方如东莞、佛山、惠州等出台相关政策予以支持，而在镇级政府层面上则有待加强。在调研中发现：在镇级政府特别是街道办，其工作重点在社会工作、经济工作、计划生育和维稳，科技创新工作和专业镇工作不是其主要任务，其重要性未得到应有的重视，甚至有工作人员表示"对于专业镇平台建设给钱也不想干"，对于省市出台的促进专业镇文件，有工作人员甚至不了解、不清楚；县级财政对于上级科技项目经费拨款严重滞后；对于专业镇政策多数局限于科技部门，较难调动社会其他方面共同参与的积极性。

（五）中介服务机制有待提升

据调研，企业评价广东专业镇创新网络表现较弱方面：中介服务机构支持程度排第二。近几年，发展的专业镇公共创新服务平台近300个，虽然数量众多，但是质量有待提升，未能充分发挥其在创新网络中的协调作用，主要表现在以下方面。一是目前大部分平台在功能设置上没有针对专业镇中小微企业的共性需求和转型升级面临的突出问题，服务功能较为简单，多为信息网站和培训平台，提供信息发布、咨询和培训等服务，对于行业关键共性技术开发、技术转移等较深层次的服务更是难以开展，服务能力和质量有待提高。二是目前大部分的专业镇中小微企业服务平台以政府、行业协会为主，都存在发展不可持续问题，政府主导型平台投入和运营都靠政府资助，行业协会作为非盈利社团组织，虽有一定创收能力，但是由于社团不以盈利为目的的限制，未形成市场机制，不具备长期自负盈亏能力，所以行业协会主导也具有局限性。三是生产力促进机构作为专门为中小微企业服务机构，应作为推进平台建设的重要抓手和主要载体。但是目前绝大多数专业镇尚未建立专业镇生产力促进机构或者引入各级生产力促进机构共同建设公共服务平台，即使有，也与企业联系不多，截至2012年，全省设在专业镇的生产力促进中心仅有26家，未充分发挥生产力促进体系在平台建设和服务中的骨干引领作用。

（六）合理的产学研利益分配机制亟须探索建立

目前，在专业镇产学研合作中，对于无形资产如专利、成果转化或转让的价值缺乏量化、缺乏认可的评判标准。虽然在开展产学研合作时，政府要求签合作协议，明确责权利，但实际操作过程中涉及利益分配，更多还是靠经验判断或粗略估算进行定性描述。特别在较高层次的合作如共建实体时，高校和科研机构通常以成果或技术作价入股，企业多以资金入股，双方会在价值认同上产生分歧，往往导致合作的失败；在成果和知识产权归属上特别是共同开发项目到中试阶段，如没有事先明确利益归属，则会产生更大的分歧。

第五章 广东专业镇创新网络"云模式"的构建

新时期,专业镇创新网络建设尽管取得较好成效,但依然存在着创新主体活力不足,创新联系的深度与广度受限、创新机制建设相对滞后等因素。从全省角度与专业镇实际出发,探索创新网络建设新模式就提上了议事日程。"云模式"是广东专业镇创新网络建设的新探索。为了理解广东专业镇创新网络建设的"云模式",就需要对专业镇创新网络形态演变阶段做更进一步的分析。

一、广东专业镇创新网络形态演变阶段

(一)广东专业镇的产产生产网络阶段

在广东专业镇发展的早期,无论是市场自发形成的内生型企业,或者是三来一补(指来料加工、来样加工、来件装配和补偿贸易公司)的外生型企业,跟高校、科研院所、政府、金融机构联系不多,此时中介机构尚未发展起来,因此此时的广东专业镇创新网络主要表现为产产生产网络(见图 5-1),主要是企业与其供应商、代理商、竞争对手和客户之间建立的网络。由于企业专业化分工不明显,企业之间通过产业链条建立的合作网络关系比较稀疏,更多是取决于企业家之间的私人关系网络和社会关系网络,企业创业的资金、技术、人员等资源也依赖于这些网络的连接而在企业内外进行流动和组合。这些网络关系更多是在共同信任的基础上建立的,企业之间、企

业与其他创新主体之间合作是基于信任的关系,而不仅仅是市场中的契约关系。

由于高校、科研机构大部分属于政府部门的公共教育与研究机构,高校、科研机构的技术成果大部分来源于政府各类研究计划或课题,其研究开发经费主要来源于政府部门的资助,与当地的金融机构联系相对较少,与中介服务机构的联系更少,几乎为零。

由于专业镇发展初期,中介服务机构较少,服务功能较差,导致中介服务机构在创新活动中发挥的作用极其微弱。

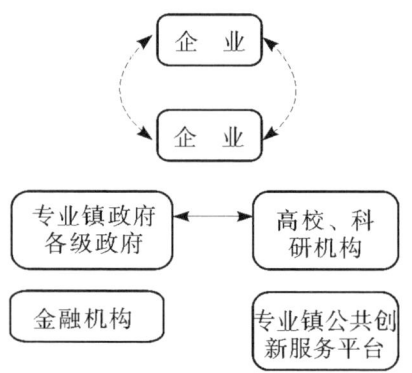

图 5-1　广东专业镇产产生产网络

◂--▸代表间断、不稳定的网络联系,下同。

◂——▸表示连续、稳定的网络联系,粗细表示网络连接紧密程度,下同。

(二) 广东专业镇的政产学研技术创新网络阶段

由于市场竞争日趋激烈,技术更新的速度越来越快,广东专业镇企业由于自身资源有限,无论是对于市场自发形成的内生型企业(主要依靠低价格的劳动力、土地和资源发展,在技术、人才、知识等方面的积累少，企业基本无研发机构、无科技人员），还是对于三来一补的外生型企业，其研发机构和创新资源主要集中在发达国家和地区，产业转移并没有伴随创新资源和要素的转移集聚，难以适应这一趋势。因此需要寻求区域内或区域外的创新资源的合作。因此广东需要从集群外部引入科研机构和创新资源。外部的创新资源主要来自省内、国内的高校、科研机构。高校和科研机构也面临着两个严重的问题：一是所培养的学生不能满足日益增长的经济社会发展需要；二是教育科研经费不足。因此，高校与科研机构要通过更多的技术创新，积极走产业化的道路。高校、科研机构与企业之间的资源互补性使双方产生了强烈的合作意愿。广东专业镇创新网络各创新主体达成共同整合创新资源的愿望后，开始建立相应的合作行为，初步形成了政产学研中金网络的雏形，但此阶段的网络联系呈现出间断、不稳定的特点。

2000年，广东省科技厅启动实施专业镇技术创新试点工作，各级政府积极出台相关政策措施促进专业镇发展，专业镇步入快速增长期，经济发展迅速，政府与企业特别是大中型企业的关系进一步密切。2005年广东联合教育部、科技部，率先在全国范围内开展省部共同产学研合作，推进企业与高校、科研机构的合作，随着合作的不断加深，广东专业镇企业与高校、科研机构保持紧密关系。

随着企业专业化程度的不断加深，企业的市场化和社会化服务体系进一步建立，区域内行业协会、会计师事务所、律师事务所等中介机构数量和服务质量逐渐增加。同时政府积极鼓励组织建设各种形式公共创新服务平台，这些平台在间接促进专业镇创新活动发生的过程中，发挥了重要的作用，但是目前中介服务机构对于企业创新和发展的作用发挥仍然显得不足。

金融机构主要还是对企业进行直接资金支持，为大学、科研机构和中介机构提供资金支持较少。应当关注到，专业镇企业,特别是中小微企业,对科技金融的需求特别旺盛。积极发挥金融机构在专业镇创新网络中的基础作用,成为提升专业镇创新网络的重要工作内容。

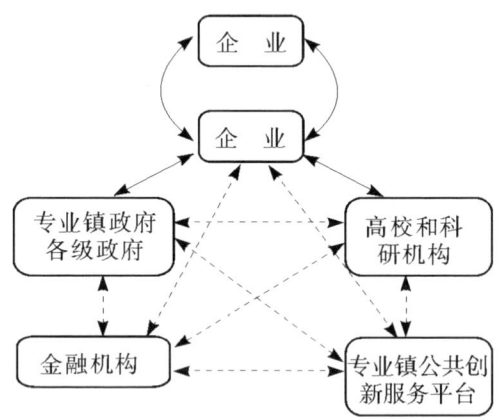

图5-2 广东省专业镇政产学研技术创新网络

在广东专业镇的政产学研技术创新网络阶段(见图5-2),伴随着产业集群的快速发展,企业间生产网络日益充分发展,企业与高校及科研院所的联系日趋紧密。在政府的引导下,专业镇普遍建立专业镇技术创新中心。这些中心的建设使得专业镇创新网络日趋复杂多元,但除了一些典型例子,整体上这些创新中心的创新服务功能与创新网络组织功能依然不足,需要进一步加强。各个镇各自围绕特色产业建设创新平台与网络,相对来说效率较低,而且存在着重复建设、机制不畅的发展问题。从全省角度统筹专业镇创新网络发展,是加快专业镇创新网络建设的必然选择。

(三) 依托生产力促进体系构建广东专业镇"云模式"创新网络阶段

2010年底，为了贯彻落实省委省政府加快推动专业镇转型升级，广东省生产力促进中心联合广东省农科院、广东省科学院等单位共同筹建广东专业镇创新网络，并于2012年4月由省科技厅批复正式成立。广东专业镇创新网络以支援中心建设为基础，以网络平台、创新驿站、呼叫中心等多种途径，整合创新资源，服务专业镇创新创业，推动专业镇转型升级。目前已为中山三乡、古镇、云浮天堂、江门蓬江、佛山伦教、惠州汝湖等近150多个专业镇1 000多家企业提供1万次产学研对接、项目咨询、教育培训、科技人才、科技金融、专业镇管理咨询等服务，有效促进创新资源与创新需求的无缝对接，为专业镇产业转型升级提供有力支撑，有效推进专业镇创新网络建设。

经过近3年建设，在省科技厅指导下，在各专业镇政府、社会各界的支持下，支援中心以专业镇中小企业的技术创新需求为导向，整合了一批创新资源，积极探索了资源整合模式、中心管理模式与运行机制，集聚了一批企业需求，为专业镇技术创新提供专业化综合服务，加强政府、企业、高校、科研机构、中介服务机构、金融机构等创新主体的交互和创新活动的协同，有效地激活了各创新要素，促进广东专业镇各创新主体创新的协同，实现创新资源的共享，推进专业镇转型升级驶入创新驱动轨道如图5-3所示。但是，目前支援中心与各创新主体之间的联系还较弱，有待加强。

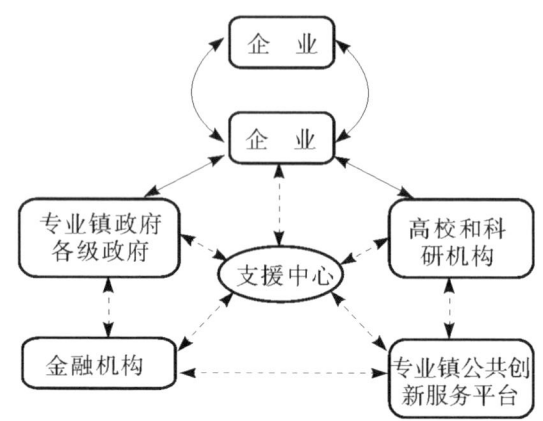

图 5-3 依托生产力促进体系构建广东专业镇"云模式"创新网络

广东专业镇"云模式"创新网络阶段具有一系列新特点,是科技工作单位根据创新网络原理与广东专业镇发展实际进一步建构创造的独特发展模式。

1. 以支援中心建设作为"云模式"创新网络的组织核心

支援中心是在原有的创新网络的基础上,为增强创新网络的服务功能、资源对接效率以及战略整合能力而设计的全省性创新服务体系。这一体系设立的初衷就是对接创新资源供给与专业镇创新需求。支援中心作为"云模式"创新网络的核心,密切联系企业、高校科研机构、金融机构、专业镇创新服务平台等创新主体,对整个创新网络起到了协调组织作用。而这种协调组织作用则体现为对接供需。

2. 整合更大区域内的创新资源对接专业镇本地创新网络

"云模式"的创新网络将专业镇产业创新需求与供给进行整合。对具体地方的创新需求而言,创新资源供给不再单纯由本地创新中心提供,而是通过支援中心在互联网中寻找最匹配的创新资源,因而这种创新服务就呈现了"云"特征。对具有创新服务能力的机构或资源来说,通过支援中心,可以对接各个具有独特需求的专业镇。同样地,对于创新资源供给方也具有"云"特征。"云模式"改变了专业镇创新资源供给与需求相互锁定的传统模式,使得更大范围、更多类型的服务对接成为可能。

3. 广泛拓展创新服务的深度与广度

由于"云模式"是一个开放式的框架与平台体系,专业镇创新网络得以全面拓展,进而创新服务的内容,这时拓展与服务对接成功的可能性也大大提升。产学研对接、项目咨询、人才培训、产业研究、科技金融、企业及专业镇管理咨询等服务在"云模式"创新网络中迅速发展。

同时,我们也应该看到,这一"云模式"的发展刚刚起步,尽管具有很好的发展前景,但"云模式"被接受需要一个过程,"云模式"资源对接与协同创新需要进一步磨合。各种合作机制与模式也需要进一步探索。

二、广东专业镇创新网络"云模式"的基本架构

专业镇创新网络"云模式",本质上是创新方式依托现代网络技术的深刻变革。这种变革可以用"云创新"来进行概括。云创新[①](Cloud Innovation)是一种基于全球范围内的创新活动,充分利用云计算平台这个开放、低成本、易于扩展的计算基础设施,将分布在全球范围内的各种分散、自发、海量的技术、知识和人才等创新资源聚集起来,创建充分体现云计

---

① 云计算创新的解释,http://baike.sogou.com/v10085805.htm。

算智慧的、规范化的创新服务模式，为各类致力于通过创新实现可持续发展的专业镇企业提供"营养源"，有效提升创新组织创新管理能力、建立创新管理体系、改善创新管理绩效等，使之成为行业市场的领导者。云创新是一种"全方位、全流程、全角色"的创新模式，与开放式创新有所不同，开放式创新偏向于研发过程的沟通及协调，而云创新侧重于创新过程中各组织机构的参与和资源整合，更强调网络社会组织的协同工作。云创新的本质是创新资源的高效整合与供需对接渠道的建设，而这正适合专业镇创新网络特点的发展要求。

（一）"云创新模式"的提出

1. 创新资源的"云"特征是"云模式"的基础

长期以来，在国家和广东各级政府的支持下，广东各创新主体包括高校、科研机构、企业、中介服务机构、金融机构建设了大量的科学数据库、实验室、检验检测中心、种质资源库等创新资源，然而这些资源都分散在各建设单位，并没有充分利用起来。如何有效地整合和激活这些创新资源，为专业镇企业服务，需要一个核心或主体对这些资源进行统筹协调，并探索资源整合模式，为专业镇企业服务。而专业镇又分布在全省各地，地理上较分散。目前广东专业镇创新网络缺乏一个核心主体协调创新网络各创新主体的创新资源整合和交互。从专业镇创新资源的供需特点来看，目前制约专业镇创新发展的最重要因素就是创新供给与需求在时空上相互分离，分散分布。单纯依靠市场机制难以在短期内改变这一矛盾，这就需要进一步创新合作行动。互联网作为一种物理的信息通信网络，其最大的功劳在于消灭了距离；同时，互联网作为一种信息网络，储存着大量的信息和资源。"云模式"的提出就是要突破创新资源分散分布、相互隔绝的特点，让各类创新资源通过统一的云平台充分展现给专业镇使用。通过互联网聚合最大的创新资源，同时也通过互联网实现有效快速的创新扩散。

2. 创新服务的"云"平台是"云模式"的关键

根据创新网络理论，供需对接功能可由政府、协会、企业等来统筹协调创新资源。根据目前政府职能转变工作要求，充分发挥中介社会机构在社会管理与公共服务中的作用。生产力促进体系是以各级生产力促进中心为骨干队伍，包括各类技术转移中心、技术创新服务中心等在内的所有区域性、行业性和专业性生产力促进机构的统称，是科技服务体系的重要骨干力量。其宗旨是为中小企业提供全方位、多元化的综合性服务。与各创新资源拥有者没有利益冲突关系，彼此是互利共赢关系；与各创新资源拥有者、与各级政府建立长期良好的合作关系。因此，以生产力促进体系为基础构建专业镇创新网络，统筹协调创新资源具有较好的可行性。

3. 创新网络的"云"机制是"云模式"的保障

为了保障"云模式"理念的实施，推动专业镇"云创新"早日实现，在广东专业镇创新网络的建设中，充分考虑"云机制"的建设问题，通过一定的制度建设来保障服务体系的完整以及"云模式"的可持续性。"云机制"建设主要包括交互中心相关管理制度和运行机制等；资源整合制度；资源中心、创新驿站和加盟单位的管理规范等。

（二）基本架构

广东专业镇创新网络"云模式"的基本组成包括组成创新网络各主要结点、主要结点关系，以及各创新主体在参与创新活动中创新要素的流动。主要的结点是：支援中心、企业、高校和科研机构、政府、中介服务机构和金融机构等6个创新主体，相比原网络增加了广东省专业镇技术创新支援中心（以下简称"支援中心"）这个创新主体（见图 5-4）。

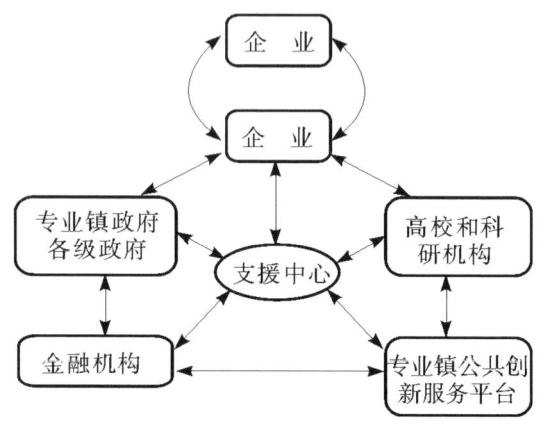

图 5-4　广东专业镇创新网络"云模式"基本架构

支援中心由 1 个交互中心、4 个资源中心、若干个专业镇创新驿站和多个加盟单位、专家服务团等构成，交互中心是整个创新网络的核心与枢纽；资源中心作为创新网络支撑，是创新服务的提供者；专业镇创新驿站是交互中心的节点和触角；加盟单位是创新资源的来源和创新服务的提供者。广东专业镇创新网络"云模式"各主体间网络联系如图 5-5 所示。

支援中心下设领导小组，由广东省科技厅领导、相关处室和广东省生产力促进中心相关负责人组成。其主要职责是统筹规划广东专业镇创新网络建设，整合资源工作，领导小组下设办公室，与交互中心合署办公。组织架构如图 5-6 所示。

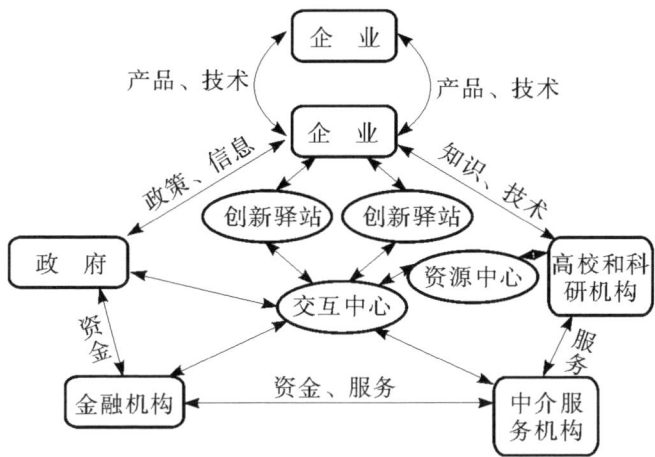

图5-5 广东专业镇创新网络"云模式"各主体间网络联系

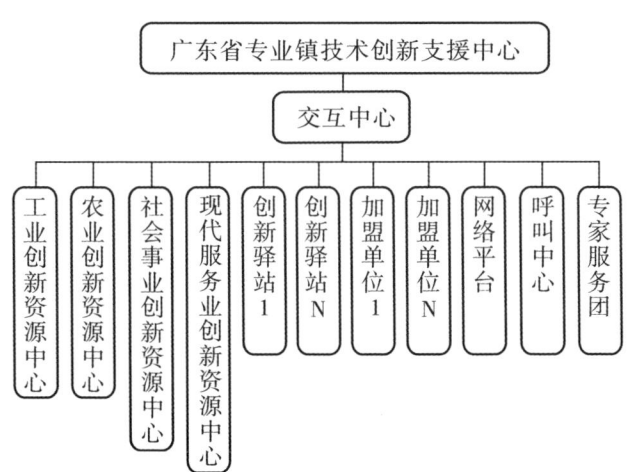

图5-6 广东专业镇技术创新支援中心组织架构

1. 交互中心

在云模式中,核心就是具有交互功能与对接功能的平台。在专业镇创新网络"云模式"中,交互中心是具有资源对接与整合功能的平台。交互中心主要职责包括创新资源整合、服务体系构建、网络平台和呼叫中心日常运营管理协调等,为创新资源供需对接提供服务界面与接口,提供网络平台,提供管理协调的帮助。交互中心的建设是云模式的动态组织核心。

(1) 网络平台

网络平台是一个基于云计算的创新信息协同服务平台。平台以信息搜索、协同计算、构件复用等为核心技术,采用SaaS[①]模式,与专业镇企业、高校、科研机构、中介机构、政府机关、金融机构结成互联共享的信息资源网络,为社会用户提供技术创新交流的协同服务。

网络平台架构如图 5-7 所示。网络使用云技术的相关技术和架构,对体系结构进行分层设计,包括创新基础设施层 IaaS、创新应用平台层 PaaS 以及创新服务层 SaaS。网络平台提供和运营创新基础设施层 IaaS 和创新应用平台层 PaaS。创新基础设施层 IaaS 包括基础的服务器和存储,以及创新网络所需的带宽等。创新应用平台层 PaaS 提供大部分公共应用服务可能需要的基础计算和存储支持,使得创新应用服务能够简易地直接在创新应用平台层 PaaS 上构造,并对各个创新应用服务运行时刻所需的资源进行分配、管理和调度。同时提供 4 个资源中心和各创新驿站的创新应用平台层 PaaS 和相应的创新资源应用服务。4 个资源中心和各创新驿站可以无须采购自

---

① SaaS 模式:一种软件服务模式,一种不为用户提供软件,按需服务、按需付费的模式。客户通过网上租赁的方式就可以享受到需要的软件服务,且 SaaS 在保证价格和功能公开公正的同时,为潜在用户提供"先试后买"的消费体验。

己的硬件设备和部署自有的基础设施，不需要进行服务器的托管，不需要租用网络带宽等就可以实现和运营自己的创新应用服务。

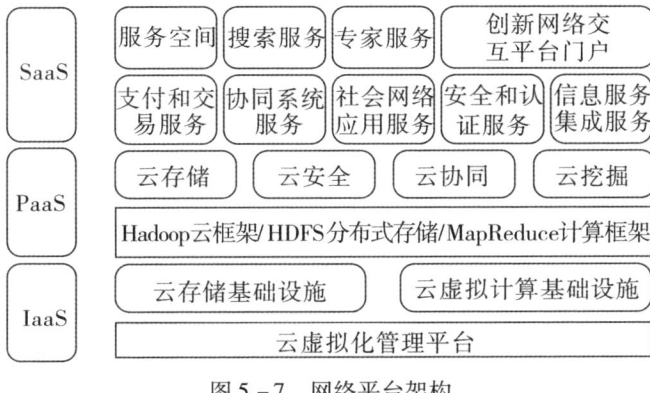

图 5-7 网络平台架构

（2）呼叫中心

呼叫中心采用目前较为成熟的技术，用中国电信统一客服号码 960099 接入。通过八条普通线路接入，实现 ACD 话务排队功能，四个坐席，四条排队线。具有 CRM 客户服务信息管理系统、IVR 定制、录音、报表统计、短信和传真等功能。根据中心业务分类，增加坐席数量，把坐席扩至其他业务部门，分别是科技金融、工业设计、创新基金、人才服务、培训服务、产业研究，共 10 个坐席。

呼叫中心开通服务热线 960099，并组建了 10 人的客服人员，并对客服人员开展相关培训，并制定相关管理规范，包括从日常工作、工作现场、服务行为和考勤管理规范 4 个方面规范客服人员服务。

依靠先进的软硬件技术、丰富的数据库资源和庞大的专家团队，为用户提供咨询、申请等服务。呼叫中心除了采用实时电话服务方式外，还辅以传真、短信、E-mail、互联网等多种方式，向用户提供快速准确的信息咨询、业务受理、疑难解答和投诉建议处理等，为用户解决创新需求提供便利。

2. 资源中心

专业性创新资源的整合是云创新的难点所在，为此，在专业镇创新网络"云模式"的建构中，重点推进省内创新资源的整合，形成了资源中心的功能。

资源中心是创新网络支撑，是创新服务提供者，为专业镇的产业和企业提供全方位的创新服务。在创新网络建设过程中，我们将采用多种方式吸引政府、高校、科研机构、中介服务机构、金融机构等各创新主体创新资源加入，不断壮大创新资源队伍。广东目前科技创新资源主要集中在高校和科研机构，高校偏重于基础研究，科研机构偏重于应用研究，而专业镇更需要应用研究及其相关技术。因此我们从科研机构入手，首期面向广东工业、农业、社会事业、现代服务业，依托广东省四大主体科研机构——省工研院、省农科院、省科学院、省科服院分别建设了工业创新资源中心、农业创新资源中心、社会事业创新资源中心、现代服务业创新资源中心。各资源中心分别建立自己平台，组建相关服务团队，整合全省工业、农业、社会事业以及现代服务业的创新资源，构建本领域创新服务体系，通过建立的专家库资源与交互中心实现线上线下协同，共同为专业镇的产业、企业提供全方位的创新服务。

①工业创新资源中心。工业创新资源中心是由广东省工业技术研究院全力搭建的立足广东、面向全国、服务专业镇的工业服务平台和交流窗口。

②农业创新资源中心。农业创新资源中心依托于省农科院建设，通过集成各级专业镇农业创新资源、以专业镇农业创新公共服务平台形成完整的创新网络体系，面向农业专业镇提供

农业科技培训、农产品产供销服务、专家咨询服务、创意农业文化活动等服务。

③社会事业创新资源中心。社会事业创新资源中心依托于省科学院建设。通过集成省科学院创新资源构建资源库，分别在环境保护、资源保护与利用、先进制造、地理信息规划、生物医药与健康、节能与低碳技术、科技文献情报、防灾减灾及灾害预警等领域建立专业分中心，每个专业分中心开展相关领域的研究，承担相关领域科技任务组织和科技服务，培训相关领域的专业人才。

④现代服务业创新资源中心。现代服务业创新资源中心由省科服院建设。通过整合全省科技服务业资源，分别在大型科学仪器、分析检测、科技情报、科技信息资源、统计数据、科技交流与合作等领域，为企业和社会等科技创新载体科技创新提供全流程服务。

3. 专业镇创新驿站

创新需求的搜集以及创新服务的最终实现是影响云创新机制的关键环节。为了更高效地接近专业镇产业需求，在"云模式"的建构中，我们重点设计了贴近专业镇的"创新驿站"。"创新驿站"是"云端"连接显示产业需求的终端与功能节点，更是专业镇创新服务体系中的基层细胞。

专业镇创新驿站是设在专业镇的技术创新平台，依托当地政府或企业建设，为本地企业技术创新提供服务，是交互中心节点和触角。创新驿站的主要功能是促进专业镇中小企业技术创新需求和市场需求汇集、促进技术成果的转移、实现创新资源共享，具有传输、服务和管理功能，其中传输功能包括与交互中心的数据和驿站之间的数据互联，服务功能包括公共信息服务、企业用户需求挖掘、专业镇特色产业服务、交互中心服务接入导向、驿站经验交流等内容，管理功能是指企业用户管理、数据存储和数据统计分析等。择优建设100个专业镇创新驿站，起到示范推广作用，形成广东专业镇创新服务体系。

4. 加盟单位

为实现"云创新"网络的开放性，将整个支援中心建设成为真正的开放式创新服务共享平台，在"云机制"的设计中，重点提出了加盟单位的管理与运作办法，吸纳各种为专业镇服务的创新资源进入。

加盟单位是创新网络创新资源和创新服务重要提供者，是具有一定条件又自愿加入平台的单位，如各专业镇技术创新中心、行业公共技术平台、行业协会、技术交易中心、产品交易市场、现代服务业企业等，经申请和平台审批后可加盟平台，实现资源共享，为专业镇提供创新服务。

5. 服务体系建设

"云机制"建设中，需要一定的制度建设来保障服务体系的完整以及"云模式"的可持续性。在"云模式"中，服务体系建设包括：建立创新网络的运行机制，包括交互中心的决策机制、投入机制、管理机制和共享机制；交互中心的规章制度，包括组织领导与职责、工作规范、网络平台管理办法、奖励及惩罚管理等；有关资源整合规章制度，包括资源整合的办法、绩效考核办法、专家服务规范、激励与奖惩机制等；有关创新驿站和资源中心的管理规范等。

①建立一套完整的对资源分中心、创新驿站和共性技术平台等加盟单位的绩效考核评奖体系和激励措施。通过两种方式可以解决该问题：一是采用政府购买公共服务制度，即以政府采购方式提供公共服务，向使用资源分中心、共性技术平台等加盟单位创新资源的用户提供补贴，扶持相关科技中介的发展；二是平台承接一定的行政职能延伸工作，以对政府投资建

设的资源中心、创新驿站和共性技术平台等的管理考核评价和奖惩。

②建立一套完善的服务监督体系。一方面由平台组织第三方对资源中心及加盟单位的服务效益和运行状况进行评估；另一方面，由平台对资源中心、各类加盟单位提供科技创新服务的质量和服务响应速度等方面进行监督；再次就是建立网上意见箱和服务投诉热线，跟踪服务质量。

服务体系以"资源集聚和服务创新"为基本理念，通过"物理分散，逻辑统一"整合各种创新资源；通过网络平台、创新驿站、呼叫中心和专家现场指导等多种途径，汇聚专业镇创新需求；在交互中心的服务平台下，促进创新资源与创新需求的无缝对接，促进专业镇转型升级。

服务内容主要如下：

①技术创新服务：为专业镇的技术创新提供研发基础条件、产业公共关键技术以及科技人才培训等系列服务，如科技文献、科学数据、种质资源、检验检测、大型仪器设备共享、委托攻关和开发等。

②经营管理服务：为企业提供相关扶持政策咨询、辅导培训、专利申请、检索查新、科技人才等创业孵化服务；为专业镇企业提供企业诊断、管理咨询和企业内训等管理提升服务；为专业镇企业提供产品及成果展示、项目需求发布、技术转移、市场行情等市场拓展服务。

③投融资服务：为企业提供银行贷款、风险投资、场外市场交易、上市辅导等多层次多形式的融资咨询和服务，如指导或辅导企业申报科技计划项目，获得财政无偿资助和补贴；通过风险准备金和贷款贴息等政策，鼓励金融机构为企业贷款，降低企业贷款风险和成本；为企业引入风投资金或战略投资者；辅导拟上市的企业和进入"新三板"交易的企业。

服务流程见图 5-8。

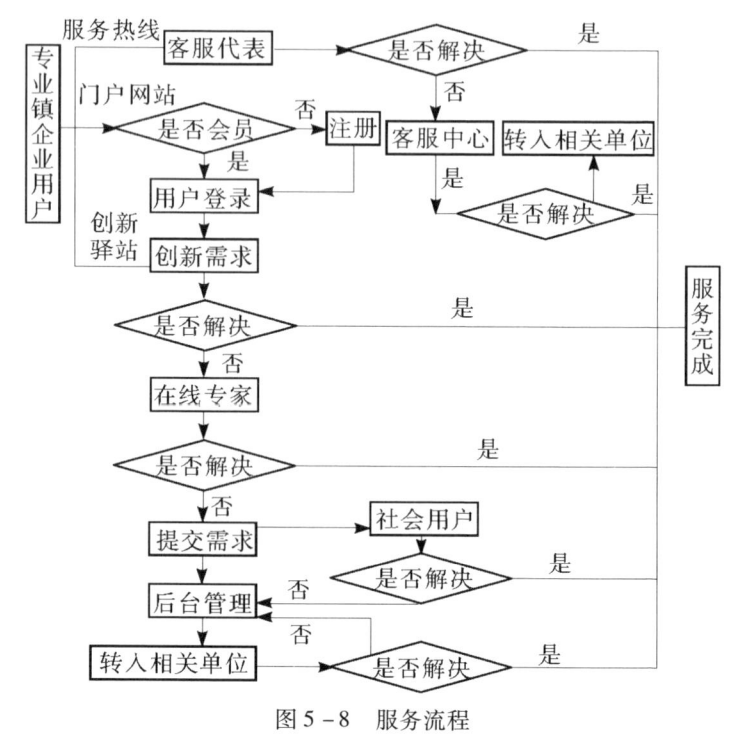

图 5-8 服务流程

（三）网络平台构建

1. 设计思路及建设原则

围绕网络平台建设目标，并综合考虑网络平台当前业务与管理需求以及未来的发展趋势，我们采用"业务基础平台 + 应用系统"的设计思路和理念。

业务基础平台软件是以业务为导向，迅速构建应用软件的一种平台。它面向广义的业务系统如电子政务、企业管理、娱乐系统、游戏、金融业务等，为业务系统的搭建提供基础架构。业务基础平台可以应用于多种业务环境，一方面可以解决业务描述问题和操作系统与基础构架平台之间的交互管理问题；另一方面它可以屏蔽技术细节，使开发人员集中在产品研发中的业务与管理问题而避免技术细节的困扰，从而提高产品研发效率，并且可以根据用户的意愿规划和构建具有个性化需求的信息化系统，帮助决策者与管理者实现极具个性化的业务系统。因此我们采用 J2EE 技术的业务基础平台，这是一个高度可用的应用软件平台，与技术的发展趋势相一致。网络平台建设按照安全、实用、规范、先进原则进行，以完善可靠的技术解决方案、严格的项目实施管理和全程的质量审核体系来保证系统规范和安全。

一是安全性。采用严格可靠的用户认证权限管理、严密的体系运行架构、请求结果多次加密传递以及系统日志分析预警等多种方式来保证数据和系统安全。

二是实用性。网络平台以合理的人性化功能设计、详细的导航、简单易用的子系统模块、强大的资源搜索功能，实现资源共享，交互方便。

三是规范化。网络平台制定信息和服务规范，定制符合规范的资源接口和数据格式，以保证资源信息来源丰富，实现资源共享、信息交流顺畅无阻。

四是先进性。网络平台是一个基于构件技术的创新信息协同服务平台，系统采用 SaaS 模式，运用信息搜索、协同计算、构件复用等先进技术，通过与广东各高校和科研机构、企业、政府部门、中介服务机构、金融机构的合作，建立互联共享信息资源网络，为用户提供技术交流的协同服务平台，是一个在产业层面上资源共享、系统集成的支撑体系，符合技术先进性要求。

2. 设计策略

根据集成平台总体需求和特点，单一的软件设计思路和风格很难完全解决软件系统设计的所有问题，因此，我们对当今几种成熟先进的软件设计思路进行了综合分析和全面考量，在总体架构设计中，我们将综合运用以下几种软件设计策略。

（1）面向对象的设计

面向对象的设计是指把应用或系统分割成为单独、可重用、可自治的对象，每个对象包含与对象相关的数据和行为。其特点是基于面向对象的 JAVA 开发语言和应用框架基础之上，该设计经实践证明可提高信息系统开发效率和解决架构合理性和可扩展性，技术相对成熟。经过多年实践，已有众多的成熟的框架和设计模式可以复用，充分保证系统可靠性、稳定性。

其优势主要体现在：一是业界具有成熟的面向对象开发语言的支持，如 JAVA，C++，C#是业界流行和普遍的开发语言和开发环境，有效避免技术壁垒；二是拥有成熟先进的技术平台和框架，如 J2EE 平台、NET 平台等，保证整个系统的稳定性、扩展性和复用性等。

（2）面向服务（SOA）的设计

面向服务（SOA）的设计，可以根据客户需求，通过网络对松耦合的粗粒度应用组件进行分布式部署、组合和使用。服务层是基础，可直接被应用层调用，从而有效控制系统中与软件代理交互过程中存在的冲突。SOA 将应用系统的不同功能单元通过这些服务之间定义好的接口和契约联系起来。接口是通过独立的方式来实现服务的硬件平台、操作系统和编程语言。SOA 接口是一种粗粒度接口的概念，是对整个应用系统服务的高度抽象。SOA 服务通常采用 XML Schema 进行通信。

SOA 的主要特点体现在：一是 SOA 是一种粗粒度、松耦合的服务架构，服务之间通过简单精确的接口进行通信，不影响底层编程接口和通信模型；二是SOA是对业务流程和逻辑服务的封装；三是客户端和其他服务可以直接访问运行于本地的服务（消费者和服务提供者部署于同一服务器上），也可以通过网络访问远程的服务；四是标准化接口，SOA服务采用标准化接口（WSDL）和标准化协议（SOAP）进行标准化传输，支持各种消息模型。

其主要优势有：一是领域整合。可复用的、具有标准接口的通用服务，使业务和技术复用最大化，降低成本；二是系统扩展性好。服务不需要与网络中特定系统相关联，对业务需求的变更和完善具有较好的适应性、扩展性和快速响应性；三是服务管理方便。应用系统在开发和运行时部署容易、便捷；四是松耦合的体系结构让系统集成和扩展更灵活；五是服务器的发布具有可发现性。SOA突破内网局限实现互联网服务器发布，客户可动态地发现和连接可获取的服务。

（3）基于分层（Layered Architecture）的设计

基于分层的设计是大型电子政务系统开发中最为常用的设计风格，它提供了角色和职责按层次分离的有效手段。分层的设计最大优点在于整体问题局部化，把可能的变化分别封装在不同层次之中，整个系统被规划为一个单向依赖的分层体系，便于扩展、修改和替换。例如，一个典型的WEB应用系统的设计包括展现层（用户界面相关功能）、业务层（业务逻辑）和数据层（数据访问功能）。其特点在于：一是分层的服务方式，各个层次只能和相邻层进行交互。一般来说单向依赖分为严格分层和非严格分层两种形式，严格分层要求第N层只能直接被第$N+1$层调用，非严格分层则第N层可以被位于其上的任意层次调用；二是应用系统所有层次可以部署在同一个物理服务器上或者可以分别部署到不同的服务器上；三是分布在每一层的组件和其他层组件之间以接口的方式进行通信；四是倒金字塔式的复用。

其主要优势是：一是可扩展，各层的隔离可使每层独立发展和升级，而这种变化不会影响到其他层，从而降低对整个系统的影响风险；二是性能好，不同层的分布式部署，可以根据系统的容量进行扩展，部署在多个物理服务器上，提高了系统的扩展性、容错性和其他性能；三是易测性，每一层都有清晰的接口定义，基于标准接口的不同的实现之间可以很方便地进行切换，如果只是层内部发生变化，只需要针对该层进行测试即可；四是抽象，分层的架构允许架构师根据应用的特点对具体的抽象层次进行调整，可以通过调高或者降低抽象层次来调整层的划分；五是隔离，实现隔离是分层架构的主要优势所在，它有效地将整个系统进行分离，这样就使得每一层可以独立发展和升级；六是独立性，分层架构避免了对硬件、部署问题和对外接口的依赖。

（4）基于分布式（N - Tier/3 - Tier）的设计

基于分布式的设计，是一种分布式的部署方式。与分层架构一样，所强调的也是将各种功能按照职责不同划分在不同层次中。然而，与分层体系结构不同的是，每一层都部署在不同的物理服务器上。其主要优势：一是可维护性，由于每一个 Tier 彼此都相互独立，升级或者更改不会影响到整个应用系统；二是可扩展性，Tier 是基于 Layer 部署的，应用系统很容易就实现横向扩展；三是灵活性，每一个 Tier 可以独立管理和扩展，提高了系统的灵活性；四是可用性，模块化架构可以很容易实现组件的扩展，提高系统的可用性。

在具体的实现技术上，我们采用先进的 MVC 和 Hibernate 实现这种 B/S 多层系统结构。

本系统基于 Web 应用的多层体系结构，该结构主要包括客户层（Client Layer）、Web 组件层（Web Layer）、业务逻辑层（Business Logic Layer）、数据访问层（Data Access Layer）

和 EIS 层。

①客户层。客户层也就是客户端层，包括 Web 浏览器、基于 Web 的无线设备、业务伙伴系统等。各客户端通过 Http、Https 协议或者 Web Service 通过 Web 组件层访问系统数据，并进行展示，提供用户操作的接口。

②Web 组件层。在 Web 层中包含系统的显示逻辑以及数据访问接口。其主要任务是对客户端提出的服务请求进行响应，调用相应的业务逻辑，并通过 Http 协议把数据传送给客户端，客户端接收传来的数据并进行显示。Web 层使用 Servlet，JSP 等标准 J2EE 技术进行实现。

③业务逻辑层。业务逻辑层包含系统的业务和事务逻辑，是对系统业务的封装与实现。业务逻辑层通过数据访问层访问业务数据，同时将结果返回给 Web 组件层。

④数据访问层。在本系统中，数据访问层包括数据访问 JavaBean 和数据服务，数据访问 JavaBean 是对数据访问接口的封装，以向上层（业务逻辑层）提供一致的数据访问接口，并可通过数据服务对现有的 EIS 系统进行相应的数据操作。

⑤EIS 层。EIS 层包括关系数据库系统和现有的企业信息系统如 ERP，CRM 等。

3．关键技术研究

（1）网络平台门户

网络平台通过门户形式来对信息、服务、网络进行集聚和导航，各资源中心、专业镇创新驿站、加盟单位等机构的相关服务以服务空间的形式在网络平台上注册和发布。同时，网络平台提供各种搜索引擎、搜索结果的筛选和集成、问答系统、推荐系统、专家系统等子模块入口。采用标准数据接口与特定专业接口相结合方式，整合广东各高校、科研机构的科技资源，包括科技文献、专利、科技成果、科技政策等专业数据库，在系统前端把网络平台作为综合展示窗口，在系统后端通过"云存储"和"云搜索"技术实现对专业信息库的管理，通过数据挖掘与专业镇的信息资源在网络上实现互联互通。

（2）信息和服务集成方法和架构

集成内容包括科技信息资源和科技服务资源。信息集成方法主要采用服务空间、搜索引擎和网页链接三种方式；服务集成通过建立服务库和管理机制，并运用基于 SOA 的资源集成方法来实现。SOA 是一种新的 IT 体系结构，通过动态组合可重复使用服务以完成相关业务要求，同时在需要时可通过网络访问这些服务。这个网络既可以是本地网络也可以是分散在各地且采用不同技术的网络。用户可以对服务进行组合去完成特定的业务，促使业务迅速适应日益变化的需求。

（3）云环境下的用户权限及身份认证

建立一个全系统的单点认证服务：即用户在任何站点登录，可实现整个系统的认证。他们可以访问每个站点具有访问权限的资源。虽然单点认证中授权和计费等服务是相对独立的，各个中心站点或者服务站点可以根据用户的情况对用户赋予不同权限，但是认证只需进行一次，用户在会话有效期间可以访问各个站点的授权内容，由各个服务站点依据授权情况控制用户的访问。同样，每个服务站点也可以独立进行服务的计费工作，最终与门户网站结算相关服务费用，具有安全、符合业界标准、配置灵活、二次开发等特点。

（4）基于云的搜索引擎（群）

网络平台开发多种面向通用及专业主题的基于云平台的搜索引擎，例如：面向科技情报的搜索引擎，面向专业镇信息的实时搜索引擎，面向服务发现与检索的搜索引擎，等等。在进行专业搜索的同时，网络平台也开放通用搜索引擎的服务，对于一些非结构化的信息进行抓取和检索，例如对有些专业镇已经建设了网站的，通用搜索引擎自动抓取专业镇网站的最新信息，自动分类并整合到网络平台的资源库中，并发布到其对应的服务空间。通用搜索引擎能够补充专业主题搜索引擎的不足，同时为兼容现有专业镇网站提供一条平滑升级的途径。

4. 安全性研究

网络平台安全性设计非常重要。一般安全性设计可分为系统级和程序级两类。根据网络平台的业务特点和安全需求，采用两者结合的方式，对于平台，各类用户提供不同级别的灵活的安全服务。

（1）系统级

使用 Https 协议以 SSL 进行数据交换，以增强通信安全性；通过数字签名防止数据传输过程中被篡改；使用 DES 算法对用户识别 UserToken 进行数据加密；业务数据定时自动备份。

（2）程序级

拥有完整的功能权限和数据权限配置；在客户端进行输入校验，可以防止 JS 攻击、XSS 攻击、SQL 注入等；采用密码控件、图片验证码、手机确认码等辅助安全设计。

5. 信息互联互通研究

网络平台不仅仅是信息和服务的简单集聚，更重要的是各种创新资源的流动、交互、整合和创新活动的协同，因此提供协同服务是网络平台的重要功能。对于创新网络每一个结点，如专业镇、企业、政府、高校和科研机构、专家等，各种信息在结点间流动，实现协同创新。每个子平台相关系统可以通过网络接口进行数据互通和整合，实现信息的共享及最大化利用。

为了实现网络平台与各专业镇创新驿站、第三方业务系统之间进行数据交换，我们采用基于 SOA 规范来建立跨节点的分布式数据同步机制以保证数据的一致性,即利用标准应用集成技术(Web Service)作为系统数据交换接口的基础架构,使用 Web Service 技术实现不同 Web 应用、不同业务模块之间的数据交换、各系统之间的松耦合、数据集成和业务协同。Web Service 提供了促使原来各孤立站点间的信息互通共享的一种接口。由于 Web Service 使用的是 Internet 上统一、开放的标准如 Http,XML,SOAP,WSDL 等,所以 Web Service 可以在支持这些标准的环境如 Windows、Linux 中使用。SOAP 协议,是 Web Service 一个重要通信协议标准,可用于基于 XML 分散和分布式环境下网络信息交换。在此协议下,软件组件或应用程序能够通过标准的 Http 协议进行通信,具有简单性和扩展性,有助于人量异构程序和平台之间的相互操作,使应用程序能够被用户访问。

目前网络平台已实现以门户的形式来对信息、服务、网络集聚和导航,以服务空间的形式把各资源中心的相关服务在网络平台上进行注册和发布,与此同时,门户还提供创新商城服务,整合各类用户的资源和需求,采用标准数据接口与专业接口相结合的方法,整合包括科技文献、专利、科技成果和科技政策等专业数据库,在系统前端以网络平台作为一个综合展示窗口,在系统后端通过云计算和 SOA 集成技术实现专业信息库的整合和管理。

(四) 资源中心构建

广东目前科技创新资源主要集中在省内高校和科研机构。高校偏重于基础研究,科研机构偏重于应用研究,而专业镇更需要应用研究及其相关技术。因此我们从科研机构入手,面向广东省四大主体科研机构:省工研院、省农科院、省科学院、省科服院分别建设了工业创新资源中心、农业创新资源中心、社会事业创新资源中心、现代服务业创新资源中心。各资源中心分别建立自己的平台,组建相关服务团队,同时通过建立的专家库资源,与交互中心协同开展专家下专业镇服务。

1. 工业资源中心

工业资源中心分别从物理空间、网上平台、专家服务团开展建设。

A. 从物理空间上建设了多媒体展示厅,展示广东工业创新资源和创新成果。

B. 网上平台建设了工业创新资源中心网络平台,由科学数据共享、科技文献服务、仪器设施共用、资源条件保障、行业检测服务、实验基地协作、技术转移和成果转化服务、管理决策支持等系统构成,涵盖了从研究开发到成果转化、技术转移等各环节的创新需求;设有基础资源库、公共服务平台、交流与合作、成果转化服务、科技咨询、技术开发、技术转让等平台,可为企业提供有效的专业信息资源、技术支撑和技术转移解决方案。

C. 组建专家服务团。发挥省工研院的优势,组织了一批包括冶金工业、化学工程、材料科学、无机化工、金属及金属工艺、矿业工程等领域的专家。

2. 农业资源中心

通过对专业镇农业创新资源整合,农业资源中心利用专业镇农业创新公共服务平台构建一个完整的创新网络体系,为当地农户、合作社和农业企业提供农业科技培训、农产品营销、专家咨询、创意农业文化活动等服务。

A. 专业镇农业基础资料库。整合专业镇农业农村特色资源,建立特色农业资源库、农村政务数据库、农产品供求信息库、农用物资资源库、农村文化生活等基础资源库,通过专业镇农业创新公共服务平台提供信息浏览、查询服务。

B. 公共服务平台。公共服务平台包括农业专家管理服务平台、视频演播中心、农技信息服务台、专业镇特色农产品产供销服务平台4个子平台。通过平台面向用户，提供农业科技信息服务、农产品产供销一体化服务、新品种新技术应用推广服务、农业专家在线咨询服务等服务；通过为专业镇特色产业提供网络化创新服务，提升专业镇信息化应用能力，促进当地农业产业发展，实现农户增产增收。

C. 农业科技培训。根据各专业镇农业主导产业，组织对应的农业专家到当地开展农业知识专题培训，同时，对于农业生产过程中遇到的病虫害、灾害天气等突发事件，组织技术人员或专家到现场提供咨询和指导服务。

3. 社会事业资源中心

社会事业资源中心利用省科学院的资源，分别在地理、昆虫、电子、化学、土壤、微生物、海洋、能源等方面建立特色资源库，并开展相关服务。同时利用广东科技图书馆实现网上馆藏查询、原文传递、网上咨询、统一检索、科技查新、借阅查询、预约图书、续借图书等功能，在交互中心网络平台上实现互联互通。

4. 现代服务业资源中心

现代服务业资源中心依托省科服院建设，分别在大型科学仪器、分析检测、科技情报和信息资源、统计数据分析、科技交流与合作、科技基础条件平台、科技服务外包等领域，为企业提供科技创新的全过程服务。由于省现代服务业研究院自2013年1月筹建以来，于2015年才正式挂牌成立。所以目前仅接入大型科学仪器、分析检测、科技情报和信息服务等内容。

（五）专业镇创新驿站构建

1. 专业镇创新驿站建设要求

（1）专业镇创新驿站内外关系

①专业镇创新驿站与网络平台关系。广东专业镇创新网络既是中国创新网络的一个重要组成部分，同时也是广东省各个高新区、高校、研究机构和专业镇实施创新服务的重要载体。专业镇创新网络的建设，是在省科技厅的指导下，由广东省生产力促进中心负责实施和管理。通过设立支援中心作为整个专业镇创新网络的中心结点，对内部结点提供管理和服务功能。而各个专业镇的创新驿站作为支援中心的基础驿站结点，分区域对管辖范围内的企业提供创新服务。交互中心主要为整个支援中心提供创新服务的具体载体，同时，也是对支援中心的各个驿站结点实施管理功能的具体实体。交互中心通过免费的公共信息服务和有偿的特色创新服务相结合，为企业用户提供创新应用服务。

②专业镇创新驿站与企业关系。专业镇创新驿站是组成支援中心的基层结点，驿站除了提供免费的公共信息服务外，还作为支援中心收集企业资源信息的第一层入口，在提供公共信息服务与企业用户进行信息资源交互的同时，再把相关数据与交互中心进行共享，为整个支援中心推行创新应用服务提供了基础。

（2）专业镇创新驿站建设要求

专业镇创新驿站，作为企业和交互中心之间的链接载体，除了保证能够通过自身发展，切实为地方企业提供公共信息及创新服务外，还需要进一步配合交互中心在支援中心的管理工作，主要通过实现传输功能、服务功能、管理功能，发挥专业镇创新驿站在支援中心的作用。

①传输功能。一方面与交互中心的数据互联。驿站可通过标准平台或者接入数据转换传输服务器作为与省交互中心数据互通的传输手段、需要共享的数据范围及内容标准。另一方面是驿站间的数据互联。各个专业镇基本都具有自己的特色产业及业务链条，而各专业镇之间也可能存在着各种业务或信息上的共享合作机会，因此，提倡专业镇创新驿站之间进行互联与共享。具体的服务合作范围由互联的驿站各方自行协商。驿站标准平台提供数据互联的技术基础。

②服务功能。

A. 公共信息服务。包括政策法规信息、科技动态信息、发布活动信息、通知公告、专家服务、推荐机构、特色产业等内容，这些内容通过标准平台或接入数据转换传输服务器与交互中心进行数据共享。

B. 企业用户需求挖掘。驿站除了日常的驿站平台站点管理之外，需要进行日常的企业走访和创新服务联系工作。在地方企业内搜集包括企业资源需求、技术转移需求、项目合作需求等相关信息。并且要求将搜集来的企业需求信息在经过驿站的筛选、编整后发布在驿站平台上，并及时与省创新交互中心实现数据共享。

C. 专业镇特色创新服务。驿站根据专业镇自身特点提供需求检索、技术成果检索、技术服务合同登记、文献查询等具有产业、行业特色的创新资源服务。

D. 交互中心服务接入导向。驿站平台除了通过线下的企业走访工作和通过驿站平台宣传驿站的整体形象之外，还必须在驿站平台中为以交互中心为主要载体的有偿特色创新服务，做出清晰的服务接入导向。

E. 专业镇创新驿站经验交流。省交互中心数据管理后台提供专业镇使用的驿站运营建设经验交流板块，各个专业镇可以提出在建设、运营创新驿站中遇到的相关问题，并且有职责参与在各个创新驿站之间展开的经验交流和上传在运营创新驿站过程中积累的经验或问题的解决方案。

F. 支援中心问题咨询。每个专业镇创新驿站必须具备供大众用户使用的面向支援中心的创新应用相关问题咨询板块，该板块通过外部链接"zx.godsw.com"实现，板块的功能由支援中心实现并提供在线运营。

③管理功能。

A. 企业用户管理。驿站所在区域的企业，需通过驿站平台进行注册，才能使用平台提供的特色创新服务，驿站平台管理人员负责确保企业用户注册信息的真实和完整，对通过企业信息验证的企业进行用户账号发放和特色创新业务使用授权。注册企业用户的信息需与交互中心进行数据共享。

B. 数据存储。专业镇创新驿站需要对自身驿站平台的数据信息进行存储管理，并保障数据的安全性和完整性。需与交互中心共享的数据，要及时进行数据互联。

C. 数据统计分析。专业镇创新驿站需要及时完成交互中心要求的各项服务信息数据统计分析任务。

（3）数据共享标准

与交互中心共享的数据范围和格式，须严格按照《广东省专业镇创新驿站基础数据指标》《数据传输用户手册 V1.0》要求规定。已有专业镇平台的，按照上述要求进行改造，建成专业镇创新驿站，并实现互联；新建的创新驿站，要按照上述要求进行自行建设和管理，并实现互联，也可委托交互中心代为建设，自行管理。

2. 专业镇创新驿站基础数据指标

（1）范围

本标准适用于数据库建设过程中的电子字典的设计、数据采集范围的界定、形式审核要求、数据编辑、发布权限的设置依据、基础数据指标制定的目标、制定原则等方面。

（2）制定原则

①科学性原则。在指标设计与选择上，应正确、科学地反映实际情况，各个指标之间尽可能不出现重复、隶属、涵盖关系，能够从不同角度说明各类信息特征与内容，形成一个较为完整的指标体系。

②规范性原则。在各分类指标代码的设计中，尽量采用国家、行业标准，无现行标准分类的指标，则应参考本行业代表性机构目前采用的分类方法，综合考虑、设计分类指标，以规范化描述方法提高权威性。

③实用性原则。选取指标时综合考虑各方面因素，在确保查询方便的前提下，尽可能减少指标的数量，避免过于复杂，以提高可操作性。

④适应性原则。数据库指标内容的设置既适合平台日常运行需要，又为创新驿站内部工作系统的建设与运行奠定基础。

（3）基础数据指标定义与描述

分别从通知公告、政策法规、推荐人才、服务机构、技术供给、技术需求、科技动态、机构活动、服务项目、企业注册、资源需求 11 个方面对创新驿站所涉及的基础数据进行定义与描述。

（六）服务体系构建

服务体系建设主要从服务规范、资源加盟、专家服务团的组建和服务等方面开展研究。

1. 服务规范

服务规范主要由交互中心来制定，主要从服务宗旨、服务内容、工作流程、记录所需表格文件进行规范。面向专业镇企业的需求，我们确定了包括产业规划与咨询服务、科技人才服务、技术支撑服务、科技项目咨询服务、科技成果转化与产业化服务、知识产权服务、投融资服务七大服务内容。并对每一项服务内容制定了具体的工作流程以及设计了记录所需要用的表格文件，以规范服务的开展。

2. 资源加盟

（1）资源整合模式的研究

目前主要有三种方式进行资源整合：主管部门牵头、协助共享、自愿加盟等方式。对于广东省科技厅系统的信息资源采用主管部门牵头方式，4个资源中心、省知识产权研究与发展中心、广东产品质量监督检验研究院等科技资源采用协助共享方式加盟，其余为自愿加盟方式。

（2）资源加盟条件

资源加盟单位应符合以下至少一个条件：

①大型科学仪器设施共享服务机构。该机构须满足单台（套）原值在30万元（人民币）及以上，具备通用性强、性能先进、运行正常、所出具数据准确、加工精度高等特点，同时配有熟练操作工人可向社会提供共享服务；对于国内稀缺，或珠三角地区数量极少，或自主研发和市场需求较大的设备可不考虑其原值。

②科技文献与情报服务机构。该机构须拥有和集成一定规模的数字化文献、情报、信息资源，可提供中英文文献检索和下载、全文传递、电子图书在线阅读、科技查新与情报信息等服务。

③科学数据服务机构。该机构应在国内外具有一定规模、特色、权威性和数字化的科学数据库，并提供分类查询、联机检索、委托查询、委托数据库建设等数据共享服务。

④专业技术服务机构。该机构须符合具有某一领域内成熟的专业技术，工作基础良好，并可对外提供专业服务并拥有一

批相对固定的用户。

⑤资源条件服务机构。该机构须拥有一定规模的、特色的实验材料，如动植物或微生物种质资源，并具备相关资质证书。

⑥行业检测服务机构。该机构须具备相关国家或地方政府颁发的检测检验资质证书，可提供计量检测、分析测试、质量监督检验等服务。

⑦研究试验基地。该机构须经国家或各级地方政府部门批准、认定。

⑧技术转移服务机构。该机构须具备成果转化、技术评估、技术转移、供需对接、政策咨询、宣传推广等服务能力，具有良好基础、用户资源和宣传推广渠道等。

⑨创业孵化服务机构。该机构须拥有良好的创业环境、健全完善的服务体系与科技孵化器，同时拥有一支具备产品开发、项目管理、市场营销和孵化器管理运营经验的队伍。

⑩其他机构。

（3）资源加盟流程

加盟具体流程：加盟申请→现场考察评估→开设账号→网上信息填报与审核→报送书面材料→签订加盟协议书→确认加盟→发放加盟证书。

现场考察评估由专家和支援中心加盟管理工作人员共同组成的"加盟评议小组"负责对申请单位的服务设施、规模、人员、制度等进行实地评估。

（4）加盟单位权利和义务

①权利。

A. 可借助支援中心网络平台免费发布经审核合格的信息；

B. 可按有关规定申请相关服务奖励和补贴；

C. 可参加支援中心组织的宣传推广和系列评奖活动；

D. 可推荐相关专家加盟支援中心网络平台专家咨询系统；

E. 可优先获得支援中心的相关服务。

②义务。

A. 应通过支援中心门户网站对外开放共享单位及科技资源服务信息，并及时进行信息的更新与维护；

B. 应积极响应与满足用户的资源与服务需求；

C. 应积极配合支援中心的服务协调与服务管理工作；

D. 应积极配合扩大支援中心知名度与影响力。

（5）共享服务综合考评

综合考评内容包括：对外共享服务数量、用户满意度、服务报告与优秀服务案例提交量、服务响应时间、服务人才队伍情况、服务收入、直接与间接经济效益、社会效益等。综合考评结果分为"优秀、合格、不合格"三类，对于考评为优秀的加盟单位，支援中心将予以奖励；对于连续两年考评不合格的加盟单位，视作自动退出，不再享有加盟单位的各项权利。

3. 专家服务团组建和服务

（1）专家服务团的组建原则

①专业镇（企业）以需求为导向。专业镇（企业）专家服务团队的组建，须以专业镇（企业）实际需求为导向，同时对于效果的评价也必须以专业镇经济提升的作用为主要评价指标。

②科研与产业化相结合。专业镇专家服务团队的建设应当把科研与产业化紧密结合，采取措施激励科研能力强、成果较多的专家进入服务团队中，利用他们在专业领域的优势，发挥传帮带作用，培养企业的创新能力，促进成果转化和实现产业化生产。

③资源整合。专业镇专家服务团队的组建应充分利用省内省外优质专家资源，开展多种模式的服务。整合广东及全国专家资源，实行跨专业或跨地域组合，促进专家合作，使专家团队符合实际需求，高效开展服务。

④成员结构合理。专家团队需要把各种类型科技人才合理地组织起来，有效避免人才浪费，整体上发挥 $1+1>2$ 的效果。因此，专家团队的组建要注意各成员在知识结构、年龄、性格特点等方面的组合，要形成梯队，既要保证成员在服务过程中各层次的全面性，又要保证团队成员发展不断层，才是一个专家团队稳步发展的根本保证。

（2）专家服务团的组建思路

从专业镇和企业提出需求出发，通过双向选择，为专业镇和企业量身定做专家团队。专家团队对产业发展和企业现状进行诊断，结合政府有关政策措施，协助企业制订转型升级计划和具体实施方案，同时利用专家团队背后的高校或科研机构的资源，在技术研发、成果转化、经营管理、人才培养等方面，促进专业镇或企业转型升级。

（3）专家服务团的组建机制

专家服务团的组建机制包括专家领导机制、专家筛选机制和专家服务团队的组合机制等。

①专家领导机制。有一个好的领导者和出色的组织者是专家服务团队成功管理和运作的重要保证。领导者对专家团队的创造活动要有重要的指导作用，明确专家团队的管理任务以及服务方向和目标，使各部门互相配合，相互支持，促进共同研究的深入开展。为促进广东专业镇专家服务团队的成功组建和高效运行，需建立专家服务团队的领导机制，下设由全省各专业镇科技办组成的工作小组和一个综合办公室，综合办公室设立在省级专业镇服务机构，负责专家服务团队的协调、管理工作。

②专家筛选机制。在组建专家团队时，加强人才、技术、知识、信息等资源的整合，不但发挥体制内人才的示范带动作用，积极引导和鼓励高校和科研机构、国有企事业单位科技人才到基层创新创业，而且充分挖掘体制外的各种人才资源充实团队。既要充分发挥地方科技人才的作用，充分发挥他们在基层创新创业的积极性，又要坚持"不求我有，但求我用"原则，根据当地专业镇产业发展需要，积极到外地高校、科研机构选聘急需的科技人才。因此，在筛选专家时需要在已有专家资源库基础上，通过个人或单位推荐方式鼓励专家加入专家服务团队。同时，需要整合全国创新资源，主动邀请符合条件的专家入库。

③专家服务团队的组合机制。专业镇专家服务团队主要通过产业发展、重大重点项目、研究平台和大师级等高级人才以及企业短期需求等组合形式来组建。

A. 产业发展。依托产业发展组建专家服务团队，其主要任务是保持传统产业的优势，并促进新兴产业的快速发展。这种组建模式，其负责人一般就是产业的带头人，人数一般在10人左右。

B. 重大重点项目。重大重点项目的策划、组织和实施过程本身就是一个团队建设的过程。由于其主要任务是完成重大重点项目，因此团队的组建倾向于高层次人才，根据项目需要会有不同专业的产业专家加入，甚至引入人才参与，对成员数量，主要视项目涉及面、完成时间和级别来确定，团队一切建设都是围绕项目的实施来完成。团队运作的资金主要来自所依托项目的经费拨款和产业的配套经费。此模式目的性强，目标明确，而且往往效率较高。

C. 研究平台。依托研究平台组建专家服务团队，重点在于科研组织上的创新，组成人员的科研水平高，业务素质过硬，并且来自不同专业领域，成员数量较有弹性，往往是根据研究发展需要随时变更合作伙伴。其经费来源一般从研究中心的相关项目科研经费中提取。与依托重点重大科研项目成立的团队不同，依托研究平台组建的专家团队在成立后其运作将是一个长期持续的过程，而且也不会因为一个项目的完成就要面临解散的难题。其在人员管理上往往研究方向相对固定、学术带头人固定，成员因项目组合聘任而流动。在考核评价上采用多样化的绩效评价体系。

D. 大师等高层次人才。大师是指不仅学术造诣高、创新能力强，而且具有很强的合作精神和管理能力，善于培养青年人才和带领创新团队协同攻关，如院士、长江学者、千人计划等高层次人才。依托大师等高层次人才组建专家团队，形成"大师+团队"模式，其目标是培养学术带头人及学术骨干，促进教师整体素质建设，突出重点产业，打造品牌，争创标志性重大成果。团队成员可以是同一专业领域的骨干学术人才聚在一起，在"大师"的带领下提升本专业的科研水平，创造品牌；也可以是交叉领域的学术骨干人才的相互合作。此种模式往往以教授的研究小组为基本单位，在不同研究方向上有所交叉、协作。各研究小组成员间深入交流和协作，充分发挥了优秀人才的群体力量，对所研究的课题有所促进，也有利于促进交叉专业镇产业的形成，从而提升整个产业的科研氛围。

E. 专业镇短期需求。依托专业镇企业在发展过程中遇到的营销、人力资源、财务技术研发等问题组建专家团队，其主要任务根据发展需要来制定，主要解决企业遇到的短期问题，其显著特点是组合而成的团队需要在短时间内，较高效率地解决企业所面临的问题。

（4）专家服务团的服务模式

为专业镇或企业开展服务时，专业镇专家服务团队采用"多对多"模式。其工作流程为：专业镇或企业根据自身需求向镇工作小组反映需求情况，工作小组在收到相关需求后，向综合办反映相关需求；综合办根据相关需求，建立一支科学合理的专家团队，并将专家团队相关信息反馈给工作小组，最后由工作小组组织，由专家团队开展服务工作。

"多对多"模式的服务内容包括如下方面。①解决企业生产和新产品研发过程中的各种技术问题，研究产业重大关键共性技术问题，专家团队充分发挥自身优势，积极参与企业的研发工作。②帮助企业建立和完善技术创新体系，推动企业建立和完善创新管理制度，把企业培育成高企或创企。③根据产业发展趋势，专家团队在收集国内外新技术、新工艺、新产品信息的基础上，掌握相关领域的发展动态和布局，分析和研究需要攻克的关键技术和核心技术问题，为企业制定技术路线图。④帮助企业解决经营管理难题。专家团队全面分析企业生产经营情况，通过企业诊断，合理确定适合企业发展的经营模式和管理制度。⑤为专业镇的发展出谋献策。专家团队对专业镇进行调研，编制专业镇发展规划，提出建议和政策措施。

"多对多"模式的服务方式有：进驻企业和专业镇进行现场指导、建设公共创新服务平台和组建产业创新联盟等方式。

目前支援中心已经组建了多个为家电、陶瓷、汽车零配件、金属加工及制品、种植养殖、纺织、机械、家具、照明等专业镇特色产业提供服务的专家服务团。专家服务团成员包括高校科技人才、行业技术带头人、专利所有权人等来自科研、管理、金融和教育培训等20个领域，涉及20个学科，如法律、管理、生物、工业、农业和计算机科学等，共计5 000余人。专家服务团主要采取电话（960099）、网上在线咨询和现场指导等途径，为专业镇科技创新提供智力支持。截至2014年底，累计完成了2 769人次专家下专业镇服务，服务专业镇120多家，服务内容包括产学研对接、技术培训、项目咨询、科技人才服务、投融资服务、专业镇管理咨询六大品牌。

第六章　广东专业镇创新网络"云模式"的运行

由于区域内网络连接的复杂性和创新产生的隐性等特征，研究区域内网络连接及其创新功能，难以运用定量分析方法来进行分析。因此，在研究广东省专业镇的创新网络过程中，设计了"广东省专业镇创新网络调查问卷"，选择了47家企业，包括摩托车及其零配件、水暖卫浴、轻工机械、模具、木工机械、LED等广东特色产业的企业，作为企业样本进行问卷调查。在本次调研中，共发放问卷调查表47份，实际回收36份，回收率77%。调查问卷见附录一，调查企业名单见附录二。同时，我们也通过走访广东工业大学、五邑大学、华南农业大学、广东省科学院、广东省农科院等与广东专业镇广泛开展合作的高校和科研机构，以及相关的政府部门、中介服务机构、金融机构等，对这些专业镇内各创新主体在广东专业镇内创新过程的作用、区域内网络连接以及区域创新环境营造等方面的情况，进行调研和访谈。调查应在专业镇"云模式"正式运行之前。根据对调查以及云模式运行的分析，我们能够看到云模式是如何改变专业镇创新网络的运作的。

一、企业

"云模式"实施后，为企业获取创新信息，表达创新需求提供了新的渠道。应该看到，"云模式"的理解和接纳需要一个过程，各种机制建设也需要逐步提升和积累。"云模式"对于企业来说，意味着一种更快更便捷的方式，十分具有吸引力。"云模式"必然对已有的关系产生深远的影响。

（一）企业创新与区域之间的网络关系

2012年，全省342个专业镇内集聚近45万家企业。专业镇内技术型企业在发展与创新的原动力方面，主要依赖于企业内部的技术、制度和组织等方面的不断创新，如81%被调查企业的技术创新依赖于企业的自主研发。另一方面，作为一个创新的有机体，企业的整体创新又与企业集聚的区域环境密切相关，往往取决于区域外的信息、该地区内各种创新要素和信息在区域内的流动和交互，以及企业内部和外部的人员交流。企业创新信息来源居前三位的分别是参观其他区域的企业获得、通过本地各种展览获得、与供应商的交流获得。其中36.11%被访企业的创新信息来源于参观其他区域的企业获得，说明了专业镇与镇之间进行了知识、信息的交流；30.56%的企业通过参与本地区内各种活动如展览、贸易洽谈会等获得；27.78%的企业通过与供应商之间交流获得。

（二）企业与供应商之间的网络关系

专业镇内企业与供应商之间关系密切，经常合作，有91.67%的被访企业与供应商经常性地交流信息和思想，有69.44%的企业供应商，为企业提供其他企业（如区域外竞争对手）的市场信息，从而加速了区域内市场信息的流动。

企业与供应商相互维持的基础，主要依赖于供应商提供的原材料或零部件的质量，企业与供应商的关系见表6-1。相比于原材料的价格、地理集聚，44.44%的企业更重视产品的质量。说明在今天激烈的市场竞争中，企业为了更好地适应竞争环境，更重视产品质量，而不仅仅重视市场中产品价格。同时可以看出，企业对于供应商在同一区域内集中要求较弱，方便性的要求仅占 11.11%，若产品的质量较好，即使不在本区域，企业也会选择该供应商。另外，调查中发现，尽管97.2%的企业与供应商的合作关系是长期的，但是企业与供应商之间的合作信任度较低，只有四分之一的企业认为与供应商之间的关系是建立在信任基础上的，较低信任度基础上建立起来的企业间合作关系，不仅会增加交易成本，影响企业的经营效益，而且在全球化的过程中，企业这种外部联系会容易被外来的企业特别是跨国公司所破坏，不仅影响企业创新的速率和质量，而且影响到区域内创新网络的稳定与创新。

表 6-1 企业与供应商关系

影响企业与供应商关系的因素	数量	比率/%
供货速度	6	16.67
方便性	4	11.11
价格	6	16.67
质量	16	44.44
企业信任度	9	25.00

（三）企业与客户之间的网络关系

在调查的企业中，91.67%的企业产品市场主要是在本地以外的区域，97.2%的企业与客户关系密切，经常交流市场信息与思想。企业与企业之间合作主要依靠面对面的非正式交流，50%的企业注重在产品销售过程中与客户的非正式交流，听取对产品改进的意见，47.22%的企业则更重视主动与客户进行定期或不定期地交流，如表6-2所示，即使在互联网非常发达的今天，人们似

乎还是习惯于通过非正式的交流获得直接的知识与信息，而通过互联网征求意见或信息交流的企业只占到8.33%，

表6-2 企业与客户合作方式

企业与客户沟通方式	数量	比率/%
销售中与客户非正式交流	18	50.00
经常性征求客户意见	17	47.22
客户主动提出意见	12	33.33
通过互联网征求意见	3	8.33

（四）企业与同行企业（竞争对手）之间的网络关系

企业与同行企业在市场中本应是相互竞争关系，但是在市场竞争日益激烈和技术创新日趋复杂的压力下，企业需要通过相互合作来实现持续创新。调查中发现，企业与同行企业之间合作比较高，认为经常与同行企业人员交流思想、讨论问题的企业占44.44%，66.67%的企业认为，除了租赁机械设备、市场营销和联合培训员工之外，他们还注重其他方面的合作，企业认为通过合作可以降低成本（38.89%），提高专业化程度（30.56%），增加信息渠道（25%），提高市场占有率（22.22%），提高产品质量（19.44%）等。

（五）企业与企业之间的非正式网络

调查发现（见表6-3），47.22%的被访企业认为企业之间本地协会或政府组织的各种形式的座谈会、交流会、展览会以及公共活动等，对于增加企业之间交流的机会非常重要，而另有30.56%的企业认为，企业家高层管理者之间的私人关系是企业之

间合作的基础。而本地协会或政府组织的会议、交流或研讨等活动中,主要是企业的高层管理者参与。所以企业高层管理者之间网络关系在企业间非正式交流中的作用,显得更为重要。

表6-3 企业与企业之间联系的主要方式

企业与企业之间的关系	数量	比率/%
家族或亲戚的关系	0	0
企业的临近关系	6	16.67
高层管理者之间的私人关系	11	30.56
本地协会或政府组织会议上的交流	17	47.22
其他渠道	10	27.78

(六) 企业外部网络关系的测度

从企业的角度看,企业外部创新的网络主要表现在企业与供应商、客户、同行等企业之间的关系,以及企业与高校和科研机构、企业与政府部门、企业与中介服务机构、企业与金融机构等之间的关系。调研组根据企业在本地网络中各关系的重要性进行排序,发现企业更注重与其客户之间的关系(见表6-4),其次是与政府的关系。

表6-4 企业外部网络的关系重要程度

企业与外部网络的关系	数量	比率/%
与供应商的关系	2	5.56
与客户之间的关系	18	50.00
与同行企业之间的关系	4	11.11
与中介服务机构的关系	0	0
与高校和科研机构的关系	0	0
与政府部门的关系	5	13.89
与金融机构的关系	0	0

二、高校、科研机构

云模式的实施，将对高校、科研机构的社会服务方式转型提供更多的支持。高校、科研机构的广泛参与是云模式成立的重要支持条件，而云模式中，高校与科研机构也同样获得了更多的发展机会。现实的各种组织模式，都汇成了云模式的重要实践。

（一）高校、科研机构对专业镇的创新作用

针对广东科教资源相对匮乏，省科技厅利用省政府与科技部、教育部、工信部和中国工程院、中国科学院的"三部两院一省"的产学研合作机制，发挥高校和科研机构技术、设备、人才等优势，组织高校和科研机构与专业镇进行对接，开展密切的产学研合作，构建了专业镇"点线面"结合的产学研合作体系，创新合作方式，有效地推动镇域创新。以从高校和研究机构选派科技特派员入驻企业形式，解决单个企业发展中的技术问题"点"；建立专业镇产学研创新联盟，以解决产

业发展中的关键共性技术问题"线";实施"一校(院)一镇",以综合解决区域产业发展问题"面"。

1. 企业科技特派员为专业镇解决实际问题

所谓科技特派员就是把高校和科研机构的科研人员派驻到企业,实行"一对一"或"点对点"帮助企业分析困难和需求,提出解决方案和对策建议。2006年,省部产学研办公室首批立项资助了广州狮岭镇、顺德勒流街道和均安镇、梅州汤坑镇、肇庆东城街道、中山黄圃镇6个专业镇与高校和科研机构进行产业对接。2007年,广东开始实施"百校千人万企科技特派员创新工程",从全国100家高校和科研机构选派1千名科技特派员入驻广东1万家企业,大力推进科技人员服务基层、服务企业。截至2012年底,来自全国近300所高校和科研机构中的6 200名科技特派员被派驻广东3 000余家企业开展科技服务工作。除了自上而下的选派工作外,专业镇也在积极引进科技特派员,如肇庆睦岗镇是电子专业镇,辖区内有风华高科、立得电子、显邦电子、显达电子、科威电子等电子行业的优秀上市公司。为了建立"项目找专家、专家促项目"的产学研合作机制,镇里开展"一对一"校企对接活动,邀请华南理工大学专家们先后到立得、显达等企业进行调研指导,并组织部分企业到高校和科研机构参观和推进产学研合作。

2. 专业镇产学研联盟助力特色经济腾飞

专业镇以特色产业创新需求为导向,积极整合企业和高校科研机构的创新资源,构建专业镇产学研创新联盟。通过股份制、合作制、委托制等模式,探索建立优势互补、联合攻关、利益共享、风险共担的运行机制,构建"高校和科研机构－创新服务平台－专业镇企业"创新联盟。通过校企优势互补和管理创新，突破了一批有自主知识产权的产业共性关键技术和研发了一批创新产品，提升专业镇产业整体技术水平。2012年，专业镇特色产业共实现总产值17 591.62亿元，同比增长1.97%，占全省专业镇工农业总产值的近四成，占全省工农业总产值的近两成。截至2012年，全省共组建了103个省部产学研创新联盟，包涵了87所高校、92所科研机构和977家企业共同参与，共计建立公共研发平台187个，攻克产业核心关键共性技术近800项，制定产业技术标准557个，实现产值超1.2万亿元，取得专利2.8万多件，培养企业技术和管理人才约9.1万人。通过引导专业镇建立创新联盟，突破了一大批行业关键核心共性技术，形成一批极具竞争力的产品和标准，有力地促进专业镇转型升级，如2008年成立的广东半导体照明工程创新联盟联合清华、复旦、华中科大、广安所、光机电研究院和广东中山、佛山、东莞专业镇的27家照明企业攻克了158项关键技术、120项核心技术和275项共性技术，共计创造总产值206.3亿元，出口创汇83.2亿元，为广东半导体照明产业的发展奠定了坚实基础。

3. 一校（院所）一镇，集聚优势资源推动专业镇全面发展

2011年，广东开始实施"一校（院所）一镇"行动计划，鼓励和支持省内外高校和科研机构与专业镇进行"一对一"或"一对多"校企对接，通过集聚高校和科研机构的优势科技、人才资源，引导高校和科研机构主动对接专业镇特色产业的技术需求，推进企业技术研发、产品创新和科技成果转化，有效提升专业镇产业竞争力。2012年全省342个专业镇共投入科技经费191.26亿元，同比增长28.7%；集聚研发人员达到21.66万人，较上年增加1.43万人；高新技术企业总数1 478家，较上年增加20.06%，高新技术产值9 155亿元；专利申请量和授权量分别达72 889件和51 173件，约占全省

总量三成半；著名驰名商标数增至 1 744 个，同比增长 8.39%，特色品牌商标整体建设能力显著提升。优势资源的集聚，特别是高水平人才和科技成果在专业镇的落地，为专业镇的产业发展和城镇化建设提供了有力支撑。如潮安县庵埠镇与华南农业大学开展"一校一镇"计划，庵埠镇以食品和印刷包装两大产业集群为支柱。华南农业大学具体实施学院包括食品学院、经管学院、工程学院、信息学院等，通过发挥"食品产业—印刷包装产业—印刷及包装机械产业"产业链特色，通过"一校一镇"的建设，集合区域内产业资源优势，引进华农优秀创新团队和创新人才，加快提高庵埠镇食品和印刷包装产业的自主研发能力和技术创新能力。2012 年，针对江门市 32 个省市级专业镇，市科技局和五邑大学组织 32 名五邑大学专家牵头组建专业镇专家顾问团。由五邑大学根据各个专业镇的产业特色选择一位合适的专家担任专家顾问联络员，由联络员组织省内外高校、科研机构的专家教授组成 32 个专家顾问团，不但可以发挥各位专家顾问的专业特长，还可以充分利用专家顾问背后广泛的技术资源，顾问团将就专业镇产业发展开展研究，为企业提供综合性科技服务。

（二）高校、科研机构与其他创新主体之间的网络关系

我国的高校和科研机构的目标是作为非企业性质的公共教学和研究机构而存在。因此，高校和科研机构在创新的过程中，与政府部门保持着紧密的联系。调查中发现，专业镇内 86.11% 的企业经常与高校、科研机构进行合作。高校、科研机构与企业的合作方式主要是技术合作开发，这一比率占了 72.22%，其次是企业聘请高等院校的专家到企业做顾问或咨询人员（见表 6-5）。

表 6-5　企业与高校、科研机构的合作方式

合作方式	数量	比率/%
直接转化本地院校的技术成果	3	8.33
与高等院校联合进行技术合作开发	26	72.22
聘请高等院校专家到企业做顾问或咨询人员	9	25
企业员工在本地大学在职学习(如读MBA)	2	5.56
高等院校中的学生或研究人员在企业兼职	2	5.56
企业管理者或技术人员经常同高等院校人员进行非正式的交流	8	22.22
其他方式	3	8.33

三、政府

政府在促进专业镇的发展方面主要通过营造区域创新的环境来实现。实践表明，政府在尊重市场规律的基础上，积极发挥对专业镇特色产业发展中的引导作用，是专业镇创新环境建设的核心内容。顺应产业发展，适时引导企业发展，优化产业生态，推动协同创新，是政府营造良好创新环境的重要工作内容，包括科技部门在内的各级政府部门，形成工作合力，推动专业镇发展更上新台阶。

云模式下，政府在服务企业方面拥有了更大的网络与渠道，更是获得了提升创新网络发展水平的重要契机，在引导产业发展等方面具备了更多的可能性。

(一) 产业科技规划引导

专业镇的发展涉及众多企业及各种复杂的产业关系，为做

好规划工作，专业镇政府及相关研究部门须将科学决策立足于深入的调查研究中，借助产业界、科技界、企业界等研究力量开展深入研究。2011—2012年，广东省科技厅利用产业技术路线图、产业生态方法开展专业镇"一镇一策"和中小微企业服务平台建设等专题的调研，依托专业研究机构和研究队伍，为专业镇转型升级以及专业镇建设和管理工作提供重要的决策参考。同时引导各专业镇政府制定本镇产业技术路线图、产业规划等，营造良好的产业创新氛围。2011年，应用产业生态地理信息系统等方法，为100多个专业镇制定产业发展规划，确立专业镇转型升级和整体发展思路。如珠海三灶镇在2007年制定《三灶生物医药产业发展战略规划》的基础上，分别于2008、2009年进行了两次修订。2011年，又编制完成了《三灶生物医药产业转型升级发展规划（2011—2015）》《三灶生物医药产业专业镇转型升级创新实施方案（2011—2015）》和《三灶生物医药产业园南片区控制性详细规划》。

（二）各种优惠政策的扶持

省、市、县（区）、镇各级政府根据产业发展的需求，制定相应的发展政策，形成政策组合拳，促进专业镇大发展。如专业镇建设初期，省科技厅加强顶层设计，制定了广东省专业镇技术创新试点实施方案和管理办法，明确发展目标、主要任务和具体措施，加强专业镇规范管理；2005年，省科技厅出台了省市联动共同推进专业镇建设文件，并与梅州、东莞、珠海、中山、佛山、江门等19个地市政府签署了"省市联动推进专业镇建设的协议"，把专业镇技术创新试点工作推向纵深发展，使专业镇技术创新试点工作出现了"量"的快速扩张；2006年，广东省委省政府出台《关于加快发展专业镇的意见》，提出了建设以企业为主体的区域创新体系和以特色产业为支撑的技术创新平台的发展方向，推动专业镇快速发展；2012年7月，广东省委省政府出台《关于依靠科技创新推进专业镇转型升级的决定》，同年 8 月，省政府发布《关于加快专业镇中小微企业服务平台建设的意见》等系列政策。

同时，各地市镇政府部门也出台相应政策，如 2011 年，东莞市政府颁布了东莞市专业镇创新服务平台建设方案，2012 年惠州市政府颁布了《关于依靠科技创新推进专业镇转型升级的实施意见》等，在资金、部门联动等方面扫清了专业镇转型升级制度障碍，为广东专业镇发展营造良好创新政策氛围。珠海市、珠海市金湾区以及金湾区三灶镇分别制定了《关于促进生物医药产业加快发展的意见》《金湾区促进生物医药产业发展的若干意见》和《三灶镇鼓励医药企业自主创新发展暂行办法》一系列政策文件，促进三灶镇生物医药产业蓬勃发展。

（三）资金的扶持

自 2000 年起，广东省科技厅每年安排专业镇专项资金 2 000 万元，专门用于专业镇建设。根据《关于加快专业镇中小微企业服务平台建设的意见》，2012—2015 年期间，省财政一次性新增财政资金 5 亿元用于设立专业镇中小微企业服务平台建设专项资金，另外 2012—2014 年省财政统筹安排 2.5 亿元投入科技型中小企业技术创新专项资金，支持专业镇中小微企业服务平台为中小微企业技术创新和创新创业开展专业化综合服务，并对提供的服务给予技术服务运营费用、技术转移服务费用等补贴。东莞市对创新服务平台根据其建设完成情况采用报销制予以支持，市财政按照镇财政资金 1:1 的补贴比例进行补贴，财政补贴不超过投资总额的 25%，最高不超过 5 000 万元。2013—2015 年，每年惠州市财政设立 1 000 万元专业镇发展专项资金。三灶镇政府建立"三灶生物医药企业自主创新专项资金"，每年安排专项资金（2008 年为 600 万元，2011 年增至 1 500 万元），用于鼓励镇内生物医药企业技术创新，帮助企业提升核心竞争力。

(四) 其他方面的服务

政府通过组织各种赴境外、国内先进地区考察交流活动来推动专业镇建设：如自 2005 年起，每年省科技厅联合香港生产力促进局组织专业镇企业骨干到香港开展中小企业技术服务体系学习交流活动；自 2007 年起，每年省科技厅组织意大利产业集群理论和实践交流考察活动，学习意大利在产业集群创新和区域创新体系建设的经验和做法，建立专业镇培训和交流长效机制，拓宽合作深度和广度，为推动专业镇技术创新发挥了重要的促进作用。

四、中介服务机构

2012 年底，广东拥有 3.5 万家科技服务机构，服务 50 万余家企业，全年实现增加值超 2 000 亿元，约占全省生产总值的 4%。而专业镇内的各类科技服务机构 2 768 家，占全省科技服务机构总数的 7.9%。中介服务机构对专业镇发展的作用体现在以下方面。一是建立转化渠道，加快科技成果转化。中介服务机构作为第三方机构，既了解市场需求，又知晓企业诉求，能有效沟通主体，为上游研发链与下游产业链搭起桥梁。二是进行资源整合，实现组织协调。中介服务机构凭借其在科技研发、成果转化产业链中的特殊位置，通过对创新资源的整合，促使创新网络内部形成聚合力，进而推动创新活动的快速发展。三是监督市场秩序，规范主体行为。各种评估机构、资格认定机构和行业商（协、学）会组织等，承担了资格审查和市场监督的任务，维护市场正常运营。中介服务机构通过参与到云模式中，将获得更广泛的需求信息，具备更广阔的发展空间。同时也要看到，云模式对中介服务机构提出了更高的发展要求。

（一）专业镇公共创新服务平台的发展

专业镇内中介服务机构通过各类专业镇公共创新服务平台为专业镇提供各类创新服务。截至2012年底，全省超过95%的专业镇已建有公共创新服务平台达2 768个，其中，服务于特色产业的金融担保机构和检验检测机构分别为436个和328个。2012年，创新平台主持和参与的研究项目1 007项，创新平台完成和参与的成果转化项目568项，共实现总收入39.57亿元，同比增长1.14亿元，对外服务企业超过5万家，为专业镇特色产业发展提供了良好支撑。专业镇公共创新服务平台发展经历了技术创新平台、技术创新公共平台到中小微企业服务平台的变迁。

1. 技术创新平台（2000—2004年）

2000年11月，广东省科技厅出台了专业镇技术创新试点实施方案，明确了"十五"期间专业镇技术创新试点工程的目标、任务和措施，提出了选择30~50个镇开展专业镇技术创新示范试点，建设专业镇技术创新平台，加强专业镇的技术创新服务：一是组织技术专家为企业提供技术咨询和制定发展战略；二是帮助企业制定和实施行业技术标准或国际（家）标准；三是积极为企业提供信息和政策咨询，落实相关政策，改善创新环境；四是组织培训，针对企业不同类型人员开展不同层次内容的培训；五是要加强生产力促进中心的建设，促进专业镇内技术创新中心、创新服务中心、咨询服务公司等多种中介服务机构的建立和完善，大力发展科技服务业。此后，全省技术创新专业镇呈现良好的发展势头，截至2004年达103个，技术创新平台59个。

2. 技术创新公共平台（2005—2010 年）

2005 年 5 月，广东省科技厅颁布了《关于省市联动推进专业镇（区）建设的指导意见》，指出专业镇技术创新最主要的工作就是建设特色产业技术创新公共平台，构建区域技术创新网络。平台的形式可以多种多样：创新服务中心、技术创新中心、生产力促进中心、产学研结合基地、工程中心、孵化器、咨询机构和信息网络中心等。平台坚持政府引导与市场机制相结合，实行市场化运作模式，开展产品设计、产品检测认证和开发、技术服务、成果转化、交流合作、信息网络、电子商务、人才引进和培训、知识产权利用及保护等业务。2006 年，广东省委省政府颁布了《关于加快发展专业镇的意见》，提出了实施专业镇技术创新工程，鼓励建设面向中小企业服务的专业镇技术创新中心，建立专业镇技术创新体系和服务体系。该文件显示了专业镇在全省经济发展中的重要地位，专业镇工作从科技部门工作转变成为全省重点工作，具有里程碑意义。此时专业镇迅猛增长，截至 2006 年已突破 200 个。2008 年 3 月省科技厅颁发了《广东省技术创新专业镇管理办法》，对专业镇建设工作进行规范管理，明确了专业镇建设工作主要任务、部门职责和省级专业镇认定流程，专业镇建设重点由"量"向"质"转变。从此以后，专业镇经济进入了快速发展阶段。截至 2010 年底，全省共有专业镇 309 个，技术创新平台达 196 个，全省专业镇 GDP 突破 1.1 万亿元，占全省生产总值的 28%，工业总产值超千亿元的专业镇 2 个，超百亿元的专业镇 76 个。

3. 中小微企业服务平台（2011—2014 年）

2011 年 1 月，全省专业镇转型升级工作现场会召开，提出专业镇要"从量到质""从点到群""从生产型向创新型"三方面进行转型升级。2012 年 8 月，广东省委省政府出台了

《关于依靠科技创新推进专业镇转型升级的决定》，提出通过建设专业镇生产力促进中心、科技金融产业创新服务平台、公共技术创新服务平台、信息服务平台、检验检测服务平台、标准体系服务平台、知识产权服务平台、教育培训服务平台、物流服务平台等平台建立健全中小微企业公共服务体系。9月，省政府出台《关于加快专业镇中小微企业服务平台建设的意见》，省财政一次性新增财政资金5亿元用于设立专业镇中小微企业服务平台建设专项资金，健全中小微企业发展全过程的公共服务体系。提出利用现有生产力促进中心、创新平台、技术创新中心等服务平台，多形式建设中小微企业服务平台如技术创新服务平台、工业设计服务平台、质量检测服务平台、知识产权服务平台、信息网络服务平台、电子商务服务平台、创业孵化服务平台、企业融资服务平台、人才培训服务平台等九大服务平台。中小微企业服务平台必须是独立的法人实体，要坚持政府引导、市场化运作、公益服务与有偿服务相结合原则，鼓励产学研联合、龙头企业牵头、科技人员带头创办、中小微企业联合建设等多元化多形式的平台建设模式。2012年底，广东省科技厅安排专项资金近9 000万元建设100余个专业镇中小微企业服务平台，目前该平台共约300个，在服务中小微企业方面发挥了重要作用。2012—2015年期间，每年组织优秀平台评选，对考核优秀的前20家，省财政给予一次性每家补助100万元。因此，如何建立科学公正的平台评价指标体系，对专业镇中小微企业服务平台建设起到重要作用。2014年，专业镇中小微企业服务平台建设专项资金废止。

（二）中介机构与其他创新主体之间的网络关系

在我们调查的企业中，86.11%的企业加入了本地的协会、行会，企业加入的目的主要是了解市场信息和政策的变化。由于协会、行会服务的功能性不强，使企业意识到难以从协会中获得法律咨询服务、技术服务或劳动力服务等方面的支持（见表6-6）。

表6-6 参加本地企业协会（行会）的动机

参加本地企业协会的动机	数量	比率/%
了解市场信息	20	55.56
获得法律咨询服务	4	11.11
获得技术服务	6	16.67
获得劳动力培训	5	13.89
规范同行业企业的市场行为，防止恶性竞争	12	33.33
了解政策的变化	13	36.11
其他原因	1	2.78

从表6-7可以看出，企业与各类行业协会、商会接触最多，其次是会计师事务所。但作为为企业服务的机构如生产力促进中心、专业镇技术创新中心、共性技术中心，反而联系得相对较少，与企业的联系不是十分密切。

表6-7 企业与中介机构的联系程度

中介机构	从不		有时		经常	
	数量	比率/%	数量	比率/%	数量	比率/%
生产力促进中心	3	8.33	23	63.89	9	25.00
专业镇技术创新中心	3	8.33	22	61.11	7	19.44
各类行业协会、商会	0	0	17	47.22	18	50.00
共性技术中心	3	8.33	19	52.78	8	22.22
会计师事务所	0	0	19	52.78	15	41.67
律师事务所	2	5.56	20	55.56	11	30.56
其他中介机构	1	2.78	21	58.33	6	8.33

五、金融机构

金融机构对专业镇创新网络的作用主要表现在以下两个方面：一是直接对企业的投资；二是为大学、科研机构、中介机构提供资金。大学、科研机构和中介机构的存在有助于企业的诞生、发展和创新，金融机构通过为其提供资金，促进其发挥创新辅助作用，共同作用于企业，协同促进区域的发展。

云模式下，科技金融服务将得以重点建设，供需对接的成功可能性会显著提升。这对于专业镇中小微企业群体来说，是一件值得高兴的事情。而对于金融部门，云模式则提供了服务基层企业发展、拓展投资运营空间的平台。

由于广东专业镇中小企业较多，众多的金融机构在企业创业初期与企业之间的关系并不紧密。而银行和风险投资机构为了减少投资的风险性，避免呆账、坏账的出现，一般不愿意借贷给中小企业，而更乐意将资金投入到有一定规模、市场效益和生产经营状况良好的企业。在调查的企业中，58.33%的企业在创业之初的筹资渠道来源是靠企业创始人的亲戚、朋友帮助，仅8.33%的企业靠本地的金融机构贷款。随着企业的发展，企业创始人的存款及其亲戚朋友的资助，显然不能满足企业进一步创新方面的资金需求。企业在创新和发展过程中，企业与金融机构的联系进一步加强，41.67%的被调查企业在发展中主要依靠本地金融机构贷款。而金融机构对大学、科研机构、中介机构提供资金支持较少。

全省342个专业镇中，只有中山小榄、古镇两个专业镇建立了专业镇金融服务中心。2013年12月金融服务中心开业，这是全国首创的金融服务模式，推动民间资本向产业资本转化、推动专业镇金融服务向广度和深度发展，促进产业科技金融融合发展。专业镇金融服务中心主要职责包括银企信息对接、金融产品创新、知识宣讲、融资服务、辅导企业上市和挂牌新三板、协助金融机构开展企业调研和贷后管理、融资统计和评估等内容。专业镇金融服务中心分别由政府和金融机构派员参与，如在古镇专业镇金融服务中心，镇金融办和生产力促进中心分别选派两名工作人员参与，首批选取了南粤村镇银行、恒丰融资担保公司、建设银行、平安银行等金融机构进行对接。

六、支援中心

支援中心建设，充分转变了原有专业镇创新网络的组织形态，为创新网络向"云模式"转变提供了必要的引导。支援中心的发展并不是取代原有的资源与模式，而是在原有的服务平台、服务渠道的基础上，实现依托专业创新资源的服务能力整合。这种整合有助于打破专业镇发展受限于地方创新资源不足的情况，实现全省专业镇创新网络的功能升级，推动专业镇转型升级。

（一）广泛集聚科技资源，促进资源共享和交互

目前支援中心对创新资源的整合主要采取三种方式。一是行政手段。对科技厅系统的创新资源，以广东省科技厅发文的形式进行整合。制定《支援中心科技厅系统资源整合方案》，并多次召开厅系统各相关单位负责人会议协同推进资源整合工作。二是协作共享。泛珠三角地区创新资源通过设置与各个平台的接口，共享国家创新资源，同时也确保创新网络的建设符合国家平台的总体战略规划。三是自愿加盟。对具有一定条件又自愿加入创新网络的，经其申请和运营中心的批准后加盟创新网络。在技术上，采用"物理分散、逻辑统一"进行整合。通过多种途径和方式宣传支援中心，主动联系相关单位吸引其

加盟服务集成平台，服务专业镇技术创新。如我们先后与省知识产权研发中心和省质量标准研究院等单位洽谈加盟事宜，还围绕广东专业镇产业需求，搜集全国高校科技资源，第一期重点搜集了省内各高校以及省外知名高校，如北京大学、清华大学、东北大学、大连理工大学、东南大学、哈尔滨工业大学、吉林大学、浙江大学等高校的最新科技成果，编印成册，发放给各创新驿站，推动高校科技成果信息和技术资源对接，在高校和企业之间构筑一条方便、快捷的高速信息通道，帮助专业镇中小微企业寻找合适的项目源和技术支撑。截至2013年底，网络平台汇集了128家检测服务机构近1 904台（套）科学仪器，集聚了12家国家重点实验室、138家省重点实验室、30家企业重点实验室、43家省级工程技术中心、97家科技中介机构、52家产学研技术创新联盟以及涉及各专业领域近5 000人的专家服务团队；汇聚了342家专业镇信息；企业技术需求有80多条，实现企业需求与资源的对接。

（二）建立和完善服务体系，扩大辐射效应

支援中心经过3年的建设与发展，服务体系日趋完善，形成较强的服务能力，利用互联网、云计算等现代技术，以"逻辑统一＋物理分布"的模式，集聚创新创业服务资源，使企业、高校和科研机构、中介服务机构、金融机构及个人，在网络平台不但可以为自己获得创新创业过程中所需的帮助与支持，而且也能找到为其他机构提供创新服务的机会。目前，支援中心通过呼叫中心、网络平台、创新驿站、专家咨询等，为用户提供便捷、高效、专业的服务体验通道，同时为确保服务落地，支援中心通过市区联动，在市区建分中心、在专业镇和企业建创新驿站，把各类创新资源推送至各市区、各专业镇和企业，最终辐射至全省。

1. 完成交互中心建设

一是完成交互中心场地建设，办公场地设在广东省生产力促进中心一楼，面积约500平方米，包括前台、展厅、业务接待室、会议室、专家办公室、呼叫中心、培训室、办公室等功能区域。二是组建交互中心运营机构。交互中心设主任1名，由省生产力促进中心领导亲自担任，负责交互中心日常管理工作。下设综合业务部、外联部和技术部。三是建立呼叫中心。开通服务热线960099，建立了呼叫系统，组建服务团队，制定相关管理规范等管理制度。四是组建专家服务团。目前已经组建了多个为家电、陶瓷、汽车零配件、金属加工及制品、种植养殖、纺织、机械、家具、照明等专业镇特色产业提供服务的专家服务团。专家服务团成员包括高校科技人才、行业技术带头人、专利所有权人等来自科研、管理、金融和教育培训等20个领域，涉及20个学科，如法律、管理、生物、工业、农业和计算机科学等，共计5 000余人。专家服务主要采取电话（960099）、网上在线咨询和现场指导等途径，为专业镇科技创新提供智力支持。五是组建科技服务人才队伍。目前支援中心组建了一支近100人组成的高素质、专业化的科技服务人才队伍，其中中高级职称62人，本科以上学历76人，并通过培训等进一步提升了工作人员的能力与素质，工作人员过硬的综合素质和良好的团队合作精神为课题的实施提供了坚实的保障。交互中心有10名专职工作人员，全部是大学本科以上学历，其中中高级职称8人。课题组成员根据任务分工，开展自学，学习专业镇、创新网络、创新平台等相关理论与先进经验；同时，根据任务分工，有针对性地组织成员通过参加各种培训、会议和考察调研等途径，拓展工作人员的视野，提升工作能力。工业创新资源中心有10名专职工作人员，全部具有本科以上学历和中高级职称，项目组成员根据项目实施内容分工，涉及网络建设与资源管理、展示中心及数据库管理、中心规划发展、公共服务平台管理、创新驿站建设等任务。社会事业创新资源中心有9名专职工作人员，全部具有本科以上学历和中高级职称，其中6名高级职称，3名中级职称；项目组成员根据项目实施内容分工，涉及科技合作、技术服务需求对接、科技成果转移、资源中心网络平台建设等任务。农业创新资源中心有10名专职工作人员，全部具有本科以上学历，其中1名高级职称，4名中级职称。现代服务业创新资源中心有9名专职工作人员，全部具有本科以上学历和中高级职称；课题组成员根据课题实施内容分工，涉及课题规划业务咨询、课题规划指导、资源建设及推广、业务咨询等任务。在19个专业镇创新驿站中，每个驿站至少配备了1名专职人员，专职人员掌握创新驿站工作职能和工作要求，并熟练使用网络平台，发布专业镇企业的创新需求和上传本地的创新资源。专业镇创新驿站目前共有46名专职人员，其中本科以上学历28人，中高级职称16人，有效支撑了支援中心在专业镇开展创新服务。

2. 网络平台

网络平台已上线运行（www.icgd.cn），具有以下四大功能。一是网络平台通过门户形式来对信息、服务、网络集聚和导航，以服务空间的形式使各个资源中心、专业镇创新驿站、加盟单位等机构的相关服务在网络平台上进行注册和发布。同时，网络平台提供各种搜索引擎、搜索结果的筛选和集成、问答系统、推荐系统、专家系统等子模块入口。采用标准数据接口与特定专业接口相结合的方法，整合广东各高校、科研机构的科技资源包括科技文献、专利、科技成果和科技政策等专业数据库，在系统前端以网络平台作为一个综合展示窗口，在系统后端通过"云存储"和"云搜索"技术实现对专业信息库的整合和管理，通过数据挖掘与专业镇的信息资源在网络上实现互联互通。二是网络平台通过个人空间对各类用户提供信息发布的渠道，用户在平台上，能够搜索和导航到平台上的其他用户空间，如果用户对某个用户感兴趣，可以将该用户加入自己的关系网络，从而可以对该用户的信息和服务进行自动关注。通过构建关系网络，不同的用户可以逐步形成一个个的创新团队，用户和团队之间可以形成类似现实中复杂的创新网络结构，用户可以利用平台提供的一些关系网络的协作和管理工具进行创新活动。三是网络平台建立按行业领域分类的专家库，各个科研院所及专家均进驻到网络平台，登记其专业特长、项目等信息，并使用社会网络构建的一些方法将其组成研发网络，对政府及企业提供的问题和要求，系统根据相关性自动配对相关的专家和院所，可以对专家提出协同攻关邀请，专家也可以使用该平台进行回复和协作。四是网络平台重点整合省内大型仪器设备与设施、科技数据与文献资源等，组织重点实验室、公共服务平台、行业检测机构、广东测试分析中心与广东科技基础条件平台中心等机构入网，提供数据与文献资源的导航、下载、咨询等服务以及提供仪器设施共享使用、委托研究、技术转移等服务，具有网上注册、服务空间管理、仪器设备查询、在线申请、后台维护等功能。

3. 资源中心建设

目前依托省工研院、省农科院、省科学院、省科服院分别建设了工业创新资源中心、农业创新资源中心、社会事业创新资源中心、现代服务业创新资源中心，并各自建立了专业化服务团队。在交互中心的统筹协调下，结合自身的资源优势，为专业镇提供创新服务。

4. 指导创新驿站建设

支援中心通过编制专业镇创新驿站建设标准、研发专业镇创新驿站平台系统、开发专业镇创新驿站数据应用标准接口，指导了茂名公馆镇、清远飞来峡镇、云浮簕竹镇、中山古镇镇等创新驿站建设，共有来自企业、政府、中介机构等19家机构申请，经审核批准成为创新驿站站点，支援中心分别与它们签订了共建协议书并推荐工作人员成为站点工作人员。表6-8为广东专业镇创新驿站名单。

表6-8 广东专业镇创新驿站名单

序号	地市	站点名称	依托单位	通讯地址
1	潮州市	庵埠镇	潮州市庵埠镇食品工业卫生检验所	潮州市潮安区庵埠镇侨享路中段科技质检大楼
2	佛山市	西樵镇	佛山市南海南方技术创新中心有限公司	佛山市南海区西樵镇广东西樵轻纺城东区3号
3	清远市	飞来峡镇	清远市清城区科技信息服务中心	清远市新城四号区广泰商业街明汇苑D302
4	惠州市	园洲镇	惠州市园洲镇经济发展办公室	惠州镇政府大院
5	惠州市	吉隆镇	惠州市粤东鞋材市场有限公司	惠东县吉隆镇吉黄大道下东洲
6	惠州市	梁化镇	梁化镇人民政府	惠州市梁化镇人民政府
7	惠州市	铁涌镇	惠东县九华农贸有限公司	广东省惠东县铁涌镇北街稔平公路边
8	惠州市	惠阳区	惠州市惠阳区科学技术局	惠州市惠阳区淡水惠南大道旁惠阳区行政服务中心大楼A栋712室
9	茂名市	公馆镇	茂名市茂南区三高渔业发展有限公司	茂名市茂南区公馆镇下山三高基地
10	茂名市	茂港区	茂名市茂港区生产力促进中心	茂名市茂港区海城二路区政府大楼521室
11	茂名市	东镇街道办	广东华田电器有限公司	茂名市信宜市新村路21号

续表

序号	地市	站点名称	依托单位	通讯地址
12	韶关市	武江区	韶关市武江区生产力促进中心	韶关市惠民南路128号
13	云浮市	簕竹镇	云浮市新兴县簕竹镇生产力促进中心	云浮市新兴县簕竹镇圩镇181号
14	云浮市	太平镇	云浮市新兴县太平镇生产力促进中心	云浮市新兴县太平镇太平圩
15	肇庆市	金利镇	高要市金利镇人民政府	高要市金利镇府前路22号
16	肇庆市	金渡镇	高要市金渡镇人民政府	高要市金渡镇振兴路
17	中山市	古镇镇	中山市古镇镇生产力促进中心	中山市古镇镇中兴大道古镇灯饰大厦A座7层
18	中山市	小榄镇	中山市小榄镇生产力促进中心	中山市小榄镇广源南路40号科技创业中心
19	中山市	沙溪镇	中山市休闲服装工程研发中心	中山市沙溪镇理工路13号创意园

(三) 完善服务功能，为专业镇企业、政府提供专业化综合服务

支援中心围绕专业镇企业的共性需求和转型升级所面临的突出问题，不断完善支援中心服务功能，为专业镇企业、政府提供专业化综合服务包括产学研对接、项目咨询、教育培训、科技人才、科技金融、专业镇管理咨询等。截至2013年底，支援中心为中山三乡、古镇、云浮天堂、江门蓬江、佛山伦教、惠州汝湖等近150多个专业镇1000多家企业提供1万次

服务，有效增加了专业技术服务供给，提升企业自主创新能力，促进专业镇转型升级。

1. 促进产学研对接

专业镇由于受条件限制，在技术创新和产业转型升级过程中面临着信息不对称、难以找到突破口等问题。利用支援中心服务体系的网络平台、创新驿站、服务热线等多种途径汇聚专业镇需求，发挥支援中心丰富的创新资源优势，组织中山三乡镇、云浮天堂镇、中山古镇等专业镇创新平台和企业开展产学研合作。如中山三乡镇是古典家具专业镇。三乡镇政府已意识到，要维持三乡镇是全国最大古典家具市场的形象，把古典家具产业打造成为三乡的一个新的经济增长点，就必须对三乡的古典家具产业进行改造升级。三乡镇科技办提出此项创新需求后，经深入调研分析，支援中心决定从提升产品品质和扩大市场占有率两方面着手，开展产学研对接工作，为其引入国家检测中心在三乡共建家具检测中心，保证三乡家具优良品质的同时引入华中电子科技大学开展电子商务平台建设，重点打造建设了三乡古典家具网，提高产业知名度，扩大销售时空的广度和深度。再如，云浮天堂镇作为传统农业蔬菜种植专业镇，面临着提高农民收入、提升产业结构层次的迫切需求，支援中心及时帮助引入广东省农业科学院蔬菜所与其开展产学研合作。省农科院应用其自身的技术优势，组织资源，从提升蔬菜产品品质、产品深加工到改善生产经营方式和扩大市场销售等方面与天堂镇开展合作，极大地促进了天堂镇蔬菜产业的进一步做大做强。

此外，支援中心根据专业镇产业特色，组织召开多场成果推介会，促进高校、科研机构的科技成果在专业镇的转化和落地，提升企业自主创新能力。例如，古镇是灯饰专业镇，我们组织了浙江大学LED成果产业化项目推介会，古镇华艺灯饰、山木显示等 20 多家公司参加了会议。会议详细地介绍了浙江大学有关 LED 灯具散热技术、控制芯片等近 20 项成果,当场促成浙江大学与中山琪朗灯饰有限公司就"面向 LED 照明产品的工业设计平台软件"项目开展产学研合作,以实现对 LED 照明企业的创意信息支持和创意设计支持,推动照明产业的发展。截至目前共促成了 20 多个专业镇创新平台和企业与高校、科研院所开展多项产学研合作,表明支援中心作为专业镇创新网络重要结点,已成为联结企业、高校科研机构重要窗口和促进产学研合作纵深发展的重要载体,对推动高校科研机构科技成果转化与产业化,支撑和引领专业镇技术创新、促进专业镇转型升级将发挥重要作用。

2. 项目咨询服务

为支持中小微企业发展,各级政府都出台了许多金融、财税政策措施,成立了多个专项资金,但由于意识、渠道等问题,许多中小微企业对这些政策和专项资金了解甚少,对如何申请获得政府的资助以支持企业的技术创新更是知之甚少。为此,一方面,支援中心前往各专业镇组织开展了各级政府科技计划项目辅导培训工作;另一方面,针对某个专业镇企业的需求,开展个性化的咨询服务和申报指导服务工作。截至目前,支援中心共在江门、珠海南屏镇和中山古镇等 5 个地市和专业镇开展了各级政府科技政策宣传培训会;为江门蓬江区、汕尾可塘镇、肇庆睦岗镇、梅州东石镇、顺德伦教镇、云浮太平镇等 20 个专业镇开展创新平台规划咨询服务工作;认真做好清远市同致富科技养殖有限公司重点实验室建设、清远飞来峡旅游服务中心绿色节能建设项目、佛山阿努迈机械设备有限公司高企认定等几十家专业镇企业各类咨询服务工作。

案例一：珠海市南屏镇于2011年被省科技厅认定为打印设备及耗材专业镇。2012年受南屏镇政府委托，支援中心组织专家到南屏镇开展创新基金项目申报辅导、科技型中小企业融资咨询等科技服务活动。专家服务团的专家详细解读了当年国家创新基金项目的申报条件、注意事项、申报程序等内容，并针对企业所提出的问题进行了现场答疑。南屏镇多家科技型中小企业了解了政府支持企业开展技术创新政策后，积极申报创新基金项目并得到了立项支持。

3. 培训服务

人才是专业镇技术创新最重要的因素，专业镇的发展过程离不开人才资源的大力支持。支援中心通过组织专业服务团对专业镇相关管理人员和技术人员开展相关培训以解决专业镇技术创新对人才的需求。

一是通过对专业镇相关管理人员的培训，提升其对专业镇转型升级的认识，把握转型升级的方向和路径。例如，学习与借鉴台湾地区产业及企业转型成功经验，2012年6~9月支援中心组织来自台湾地区、广东省社会科学院和中山大学的专家在珠海、清远、惠州、梅州、江门、佛山六市，面向专业镇相关管理人员开展以产业、企业转型升级的途径与决策，台湾地区企业成功转型的模式与启示等为主题的培训。同时为增强培训效果，我们还组织省内专业镇相关管理人员赴台考察，了解台湾转型升级的经验和做法。培训活动得到了各地市科技局高度重视，共有800多名政府相关部门和专业镇企业参加了培训，共10多个批次100多人赴台考察。二是通过对企业技术和管理人员的培训，引导中小企业抓住发展机遇，通过技术创新，提高经营水平和管理能力，推动企业转型。三是组织农业专家服务团为农户开展农业服务。农业专家到田间地头开展现场指导,讲解种植、施肥和病虫害防治等有关实用技术,帮助农户掌握相关技术和现场答疑。并免费向专业镇企业、合作社代表赠送了"专业镇农业专家大讲堂"平板电脑,以动漫视频等通俗易懂的方式普及现代农业科技知识。

案例二：2012年,由清远市石角镇政府主办、交互中心协办的再生金属产业节能减排技术培训活动,在清远石角镇举行。培训活动主要针对石角镇特色铜产业发展现状和转型升级迫切需要,目的是提高石角镇铜材产业企业对清洁生产与节能减排的认识与重视,引导企业依靠技术创新,促进石角镇再生铜产业可持续健康地发展。培训会邀请了环保部华南环科所、中南大学机电工程学院的专家,分别就清洁生产与再生金属产业可持续发展以及再生金属产业清洁生产的先进技术与做法等专题进行授课,培训内容针对性强。主协办单位还组织企业参训代表前往节能减排示范企业清远市丰裕金属企业有限公司（铜加工）、清远市精诚铜业有限公司（铜板深加工）、清远市金运再生资源有限公司（先进拆解设备）进行参观学习。以身临其境的方式让石角镇广大小微铜产业企业直观感受转变落后生产方式的重要性,采用先进技术、开展清洁生产对企业当前及将来发展带来的巨大利益。

4. 科技人才服务

专业镇发展的人才支撑不仅仅指专业科技人才在企业内工作而对企业发展的作用,而且指全社会的智力资源能以各种灵活的形式为企业所用,为企业的发展起作用的过程。针对专业镇人才队伍在数量、质量与结构上的发展状况与专业镇经济发展的需求差距，支援中心组织了大学毕业生参观专业镇，搭建大学毕业生了解专业镇的渠道；组织专业镇专场毕业生招聘会，吸引更多的大学毕业生到专业镇工作。例如，2012年支援中心共组织来自全省40所大学的200名大学毕业生参观容桂高新区、中科院广州技术转移中心顺德基地及格兰仕等代表性企业，并举办座谈会，让用人单位与大学毕业生面对面交流，让更多高校毕业生感受和体验专业镇工作环境。这对专业镇吸引人才，建设科技人才梯队具有重要意义。支援中心联合广东工业大学组织举办了"2012届高校毕业生服务科技型企业供需见面会"；联合广东药学院组织举办了2013年"广东高校毕业生服务科技型企业"（生物医药专场）校园招聘会。

> **案例三：** 支援中心联合省科技人才服务中心和广东药学院共同举办了2013年"广东高校毕业生服务科技型企业"（生物医药专场）校园招聘会，邀请了80多家省内外企事业单位参加，其中不乏广州市红十字会医院、广州市妇女儿童医疗中心、中大附六医院、四五八医院、一五七医院等多家重量级医院事业单位，同时，康润生物、宝芝林药业、汤臣倍健、联邦制药等多家知名企业提供数以千计的就业机会，为毕业生们创造了更好的就业机会。此次招聘会上，广东省内生物医药专业镇的企业提供了多个就业岗位，如珠海三灶镇，10多家制药企业提供了200多个岗位。据统计，现场求职者主要来自南方医科大学、中山大学、遵义医学院珠海校区、广州医学院、广东医学院、广州中医药大学、广东药科大学等高校，他们对招聘会提供的大量就业岗位表示了极大的参与热情。

5. 投融资服务

以广东省生产力促进中心科技型中小企业融资服务平台为依托，联合银行、风险投资公司、信用担保公司等金融机构，为专业镇企业提供项目融资、知识产权质押融资、企业股权融资等投融资服务，减缓科技型中小企业融资难的问题。例如，广东省科技厅与中山市科技局、小榄镇政府及小榄村镇银行联合制订《省市联合科技贷款风险准备金操作细则》，共同设立额度为5 000万元的联合科技贷款风险准备金，鼓励银行为科技型中小企业贷款。截至2013年底，支援中心共为63家科技型企业147个项目发放科技贷款近5亿元，有效地缓解了专业镇中小微企业融资难问题。

支援中心还尝试将供应链金融引入专业镇，服务中小微企业融资。供应链金融是一种把龙头企业和产业链上下游企业捆绑在一起提供灵活多样的金融产品和服务的融资模式。支援中心与平安银行广州分行、广州市东信达计算机公司，共同签署了《广东省专业镇供应链金融全面战略合作协议》，旨在整合创新资源，开发供应链金融产品；目前正积极准备在中山古镇、江门蓬江区等专业镇开展供应链金融产品的宣传推介工作。

案例四：小榄镇高力制锁股份有限公司是科技贷款有效支持科技型中小企业创新发展的典型例子。由于产品市场定位准确及科技含量高，自有资金无法满足日益增长的订单量的需求，得知该企业急需发展资金后，小榄村镇银行通过省市风险准备金合作通道，为其发放科技贷款1 800万元。获得贷款后，企业生产迅速扩大，产品不仅畅销全国，还远销俄罗斯、乌克兰、德国、南非及印度等国,目前已成为俄罗斯最大的中国锁具品牌。2012年销售收入达到39 876万元,税利12 650万元,净利润7 736万元,增长率分别为11.66%、22.54%和17.03%。集成平台的融资服务,使该公司在短时间内获得融资贷款,保障了公司技术的研发和生产,顺利实现企业转型升级。

6. 专业镇管理咨询服务

支援中心拥有丰富的各领域专家资源,向管理专业镇的各级政府提供管理咨询服务,供政府决策参考,协助出台促进专业镇发展的政策措施、实施办法。例如,为贯彻落实《关于加快专业镇中小微企业服务平台建设的意见》,2012年支援中心对汕头、汕尾、潮州、揭阳、江门、惠州6个地市的专业镇中小微企业服务平台开展调研,完成了《专业镇中小微企业服务平台调研报告》。报告介绍6个地市专业镇经济发展总体情况,分析了专业镇中小微企业服务平台建设现状和发展需求,提出了"加强统筹指导、促进平台建设主体多元化、建立帮扶带机制、加快生产力服务体系建设"等建议,为近年省科技厅组织开展专业镇中小微企业服务平台建设与管理工作提供了重要的决策建议。根据调研报告建议,广东省科技厅委托支援中心起草编制了《专业镇中小微企业公共服务平台建设方案》,包括工业设计、知识产权、创业孵化、企业融资、教育培训5个平台和《广东省专业镇中小微企业服务平台管理与考核暂行办法》。这些管理咨询服务工作对推进全省专业镇中小微企业服务平台建设与管理工作发挥了重要的指导作用,推动了全省中小微企业公共服务体系建设,产生了良好的社会效益。

案例五： 2012年支援中心受江门市科技局委托，对江门市32个省市级专业镇开展了专项调研，完成了《推进江门专业镇专型升级调研报告》。该报告全面阐述了江门专业镇建设基本情况、主要做法和成效，分析了存在问题和不足，并就下阶段加快推进江门专业镇转型升级提出了相关政策建议。根据《推进江门专业镇专型升级调研报告》提出组建"专家顾问团"和建设专业镇技术创新支援中心江门分中心等建议，为江门市专业镇建设与管理工作提供了重要的决策参考，有力地推动江门专业镇转型升级。

第七章　加快广东专业镇创新网络建设政策建议

2012年，党的十八大提出了全面实施创新驱动发展战略，实施创新驱动发展战略为广东下一步科技创新工作指明了方向。广东要实施创新驱动发展战略，要在全国率先建成创新型省份，需要加快完善区域创新体系建设。专业镇作为具有广东经济特色的创新产业集群，是广东区域经济增长的重要引擎。因此，加快专业镇创新网络建设，完善区域创新体系建设，对于建设创新型广东具有重要的意义。为加快广东专业镇创新网络建设，特提出以下建议。

一、实施专业镇创新网络"云模式"建设工程

"云模式"的本质是消除产业创新需求与创新资源供给在时空上的分离与隔绝，创造创新资源汇聚、创新平台根植本地、创新功能运作合理的创新网络，为专业镇转型升级注入全新活力。实施专业镇创新网络不仅是信息网络技术发展的必然趋势，更是产业体系发展的内在逻辑，也是广东专业镇进入全新发展阶段需要重点考虑的战略性问题。

实施专业镇创新网络"云模式"建设工程，就是要建立健全专业镇产学研资源云共享机制，推进专业镇云服务终端平台标准建设，积极为云创新培养后备人力资源，并充分尊重已有的工作基础与特点，采取积极稳妥手段系统推进创新网络向

"云模式"全面转型。

(一) 加快建设专业镇产学研资源云共享机制

在电子信息、汽车、物流、文化创意等具有较好的"云模式"基础专业镇,在已有省部产学研合作的产学研资源平台集合上,为专业镇开辟云对接接口,加快产学研创新资源网上供需对接平台建设。重点支持已建产学研创新联盟、产学研结合示范基地、国家重点实验室、国家工程中心在专业镇创新中心或企业设立分实验室或分中心、特派员工作站或院士工作站的专业镇。将专业镇产学研资源纳入支援中心服务体系中,倡导公众科研机构平台化服务,研究其共享机制,规范科技成果转化价格评估体系和各种有形和无形投资要素的评价体系,加强共享水平,提高其利用率,通过合理配置和利用科技资源,增强广东专业镇科技创新整体实力。

(二) 积极规范专业镇云服务终端平台建设标准

引导地方专业镇服务平台建设标准化,分别在功能建设、服务机制建设上分层次实现标准统一和服务方法的统一,重点解决网络最后一公里的服务与链接质量问题。在创新平台、创新驿站的基础上研究制定全省示范性终端平台建设的标准体系,力争3~5年实现专业镇地方服务平台的建设质量的长足进步。同时加强专业镇地方平台的支持体系建设,加大县、区、镇级生产力机构建设,依托生产力服务体系,尽量增加资源供给配套,促进科技创新资源更便捷地接入专业镇地方终端平台。

(三) 落实专业镇云服务人才培养计划

专业镇服务体系建设需要一系列人力资源条件的支持,特别是理解创新网络特点与服务模式的科技服务人才培训。应针对专业镇各类创新服务平台的管理者或业务骨干,开展针对云模式下创新服务主题系列培训,内容包括开展企业调研、专业镇企业需求识别、企业需求初步分析、创新网络对接科技创新资源利用、科技合作服务过程、长期合作关系构建等,增强基层工作能力,为专业镇创新网络升级提供支撑。

(四) 积极引导专业镇企业建设云工作平台

专业镇中小微企业数占专业镇总数91%,而专业镇最显著的特征是小企业、大产业、小产品、大市场。中小企业自身技术研发能力薄弱,更应借助云资源开展创新活动。因此,积极引导企业建设云工作平台,并把云工作平台接入全省专业镇创新网络之中。企业可将技术难题发布到支援中心网络平台,在最大范围内寻求最佳解决方案;网络平台进行数据挖掘,向企业推送知识和信息服务,企业可获取最新的创新情报;高校和科研机构将技术产品,包括科研成果、发明、创意、方案等发布到网络平台,供企业购买;企业使用虚拟团队,利用网络平台上拥有共同目标或利益的人员组成临时或长期团队,相互协作,开展创新活动。

二、实施"专业镇产业协同创新体系"工程

促进协同创新,是提升创新网络效率的重要手段。可充分借鉴台湾中卫体系建设制造业专业镇的产业协同创新体系。台湾中卫体系是一种产业合作的方式,其内涵是促进中心厂与卫星厂紧密结合,建立产业间相互依赖的良好合作关系。中心工厂与卫星工厂通过相辅相成、利益共存、金字塔形中卫组织结构,开展经营、管理、生产同步合作,健全生产销售体系,提升整体竞争力。面向制造业专业镇的"专业镇产业协同创新

体系"工程必将为提升广东专业镇整体竞争力注入全新活力。

（一）构建专业镇产业协同创新示范体系

通过由广东省科技厅、广东省生产力促进中心、专业镇及其企业和相关辅导机构联合实施，选择若干个专业镇进行试点示范，在专业镇构建产业协同创新示范体系，建立一个合理的专业合作体制和产业集群运作机制，推动产业集群上中下游企业合作、区域特色产业水平合作和区域内不同产业或镇域间产业共生集群体系的合作。其目的在于推动企业间建立基于产业生产网络的产业联系，鼓励企业间的科技研发合作，鼓励企业共用创新平台等。

（二）开展专业镇产业协同创新示范体系培训

对示范体系成员（中心厂和卫星厂）开展课堂训练，包括：示范体系运作模式与管理、供应链管理、生产能力提升技巧和辅导工作（包括定期召开示范体系高层管理人员会议、辅导示范体系执行、个别企业配合能力及重点功能性项目辅导、示范体系经验绩效与辅导改善绩效监控管理等）。

（三）引导专业镇产业协同创新示范体系升级

根据专业镇产业发展状况、产业合作分工与供应链结构等情况，引导产业专家诊断并指导专业镇产业创新网络发展，分别选择垂直合作、水平合作、共生合作示范体系开展试点；对每一个示范体系进行实地诊断后，制订相关计划，包括推动辅导主题内容与目标、体系组织及人力结构、示范体系构建模式与推动策略等。以节能减排、新技术应用、平台建设等为契机，促进专业镇产业体系整合与升级。

三、实施"农业专业镇企业下乡工程"

截至 2012 年,广东省共有 116 个农业专业镇,占全省专业镇总数的三分之一,农林牧渔业总产值达 768.4 亿元,占全省农业总产值的 17.5%,是全省镇均农业总产值的 2 倍多。农业专业镇已经成为广东农业农村经济发展的主要力量。引导农业专业镇发展,农业专业镇创新网络建设先行。农业专业镇企业下乡工程,就是为农业专业镇注入活力的重要工作设想。

(一)开展农业专业镇企业下乡工程试点

发挥广东先行先试优势,选择探索实施"企业下乡工程"试点,即发挥广东珠三角地区拥有大量实力雄厚企业以及社会资本活跃的优势,在各有关部门的大力支持下,在粤东西北地区基础较好的农业专业镇,开展"企业下乡工程"试点,引导企业的资金、技术、人才、信息等资源向农村流动,为"三农"发展注入强劲动力;同时,在充分保障农民利益的基础上,企业可以从涉农经营中获得丰厚利润,形成企业发展的良性循环。通过试点示范,总结经验,待条件成熟时在全省大面积推广。

(二)探索农业企业下乡产业领域

通过企业下乡,注入资本活水,利用成熟现代农业企业熟悉市场需求的特点,拓展农业专业镇发展空间,实现农业企业与专业镇的双赢。一是通过租用农民土地引导企业因地制宜选择优质高产、促进当地经济发展的农产品进行种植,进行规模化和产业化经营,向现代农业发展。二是引导企业投资符合当地特色的产业,发展节能环保、生物医药、新能源等新兴产业,形成产业集聚。三是引导企业参与农民居住用地建设,建设美丽乡村和新型城镇。

(三) 探索专业镇土地流转制度创新

一是构建土地流转市场,完善土地流转机制。在供求方面,规范中介组织管理,改变土地流转信息不对称局面,避免不公平交易;在价格方面,给予土地流转主体充分的价格决定权,可由市场自主定价,有统一的定价标准,价格信息透明、公开。二是完善土地流转法律,规范流转程序。在法律上明确土地流转组织的法律地位,以法律的形式对土地流转运作原则、范围、流转形式、操作程序、收益分配等进行明确详细的规定和规范。三是营造土地流转制度创新的良好环境。政府要统筹、协调和出台相关政策支持,加强宣传,营造良好氛围。

(四) 完善农村金融服务体系

一是完善农村金融组织机构。鼓励商业银行、证券公司、保险公司增设县域或镇域服务网点;支持农业银行坚持服务"三农"的方向,鼓励农业发展银行和邮政储蓄银行拓展支持服务"三农"领域和业务范围;发挥农村信用社"三农"主力军作用。二是创新和丰富农村金融产品。大力发展小额信用贷款和农户联保贷款;增加可供抵押物品,大力发展林权质押、海域使用权证和大型农机具抵押贷款等,稳妥开展集体建设用地使用权抵押贷款;开展农村住房、水稻、森林、渔业等政策性涉农保险试点项目,扩大政策性涉农保险覆盖范围,逐渐完善多层次农业灾害风险分担机制。三是积极组建村镇银行和小额贷款公司等农村小型金融服务机构。

(五) 带动技术、人才、现代经营管理理念、文化等下乡

一是将农产品安全种植养殖、特色农产品加工、信息、农

业装备等先进适用农业技术带进农业生产，提高劳动生产效率、资源利用率和机械化程度，推动高产优质高效现代农业发展。二是通过产学研合作和农村科技特派员等平台，引导专业技术人员下农村，培养一批有文化懂技术会经营善管理新型农民和农村实用人才。三是企业把从事二三产业过程中获得的现代生产经验和现代管理理念，运用到农业生产和新农村建设中去，培养一批现代农业企业家，培育一批农村现代企业，发展壮大一批农村特色产业。四是参与农村文化社区、都市特色休闲农业、农业观光旅游等现代新农村建设，发现农业生态新景观和"三农"文化，发展农村文化创意产业。

四、实施"专业镇科技金融创新服务网络建设"工程

调研表明，科技金融服务已成为制约专业镇转型升级的重要领域。加强专业镇科技金融服务网络建设，是专业镇创新网络进一步提升的关键所在。专业镇科技金融服务网络建设，包括构建省级专业镇科技金融综合服务平台、建设镇级的科技金融服务平台、组建专业镇科技金融P2P交互平台、丰富广东专业镇科技金融业务链等。

（一）构建省级专业镇科技金融综合服务平台

由广东省生产力促进中心联合广东金融学院等高校，粤科集团等国有科技投资集团，技术产权交易、科技保险、担保、评估和法律等各类中介服务机构共同组建省级专业镇科技金融综合服务平台，包括科技金融信息交互服务平台和科技金融综合服务中心。其中科技金融信息服务平台依托支援中心网络平台，以广东专业镇创新网络"云模式"为指导，运用互联网金融等新兴手段，以互联网金融活跃民间资本，推动产业资

本、民间资本、创投机构等机构或个人为主建立投融双方的交互平台（P2P），促进企业与投资者信息互通和股权交易，通过线上线下联动，为企业提供线上咨询、企业信用体系档案数据库建设和投融资对接服务；科技金融综合服务中心作为支援中心的一个加盟单位，吸引全省金融机构、中介服务机构、投资机构和其他金融服务机构进驻，并向镇级科技金融服务平台推送资源和服务，为企业提供各类金融服务。

（二）建设镇级科技金融服务平台

在珠三角地区选择若干个专业镇，结合专业镇创新驿站建设，依托各地市县（区）生产力促进中心、行业商（协、学）会等机构，组建面向专业镇中小微企业的镇级科技金融服务平台，包括信息交互服务平台和综合服务中心，并与省级科技金融综合服务平台互联互通，完善全省科技金融服务网络。镇级科技金融服务平台一方面组织当地科技投融资、担保、保险、技术产权交易和基金管理等服务资源、产品以及服务机构不断向其聚集，结合省级科技金融服务平台推送相关服务资源、产品和服务机构，共同为当地企业提供全方位的科技金融服务，并将服务辐射到周边区域；另一方面收集当地中小微企业融资需求，并向省级平台推送，找到合适的解决方案。通过省市纵向联动，共筑全省专业镇科技金融服务网络。

（三）完善专业镇科技金融业务链

依托省粤科金融集团等省级科技金融大平台，加快建立专业镇科技金融业务体系，建立涵盖专业镇科技企业成长全过程的科技金融业务链。一是依托粤科天使投资基金，以创新科技金融服务为突破口，加快研究设立专业镇种子基金和科技孵化基金，加大对早中期、成长期科技企业投入。二是通过与

"银河粤科""中环粤科"等产业投资基金的深度合作，推动科技小额贷、融资担保、融资租赁、股权质押、知识产权质押等业务融合，为专业镇科技企业的发展提供多层次全方位服务。三是积极引导社会资本建立专业镇科技孵化基金，加强对科技企业孵化器的金融支持。引导民营资本发起或参与科技孵化器建设，支持前孵化器、孵化器等创新创业载体建设。

五、实施专业镇支援中心服务提升工程

专业镇支援中心是专业镇创新网络新阶段建设的重要依托节点，对于调整专业镇创新网络结构，引导专业镇创新网络云创新方向升级等，具有十分重要的作用。提升专业镇支援中心服务功能，既是建设单位本身的职责，更是专业镇未来发展的客观需求。

（一）加强专业镇资源中心创新资源整合力度

针对产业创新需求，加快整合存量创新资源。围绕专业镇特色产业和战略性新兴产业创新需求，重点谋划和推进与产业关联度高的检验检测、创业孵化、科技金融等创新资源的整合，特别是加强与四个资源中心的合作，充分利用其资源，放大创新资源的协同效应，为完善产业创新链提供支撑。下一阶段结合科技金融工作重点，重点在支援中心与省内代表性科技金融机构开展深度合作，充分引进科技金融资源进入专业镇创新网络，真正实现创新网络的升级发展。

（二）夯实专业镇基层服务站点服务能力基础

围绕企业创新需求，主动开展个性化服务。围绕需求、整合资源、组织服务，深化创新驿站、支援中心分中心建设，紧

贴专业镇，使服务推送机构和需求反馈通道更加顺畅；深入企业，特别是中小微企业，了解企业创新发展的实际需求，综合服务贯穿于企业发展的全过程，覆盖企业生产经营的各个方面，完善支援中心服务功能，主动开展个性化服务。根据制造业、农业与服务业等不同类型专业镇创新需求特点、创新发展模式，促使创新平台扎根本地，同时能够"云模式"对接全省创新资源，最大限度高效率为专业镇发展提供支持。

(三) 增强支援中心可持续发展能力

探索支援中心运行机制，增强可持续发展能力，为科技创新供需对接提供基于云模式的共享平台。支援中心实行"市场化运作、企业化管理"，鼓励企业和高校科研机构等各创新主体共同参与，以市场需求为导向，通过为专业镇中小微企业提供全面专业服务，提高自我创收能力，实现自我循环，增强支援中心可持续发展能力。远期进一步担当更为广阔的服务功能，为全省各行业转型升级提供助力。

(四) 推动覆盖全省的专业镇创新网络支援体系建设

充分完善专业镇基层平台服务功能与支援中心相互衔接。探索基层平台建设的新机制，改变单纯依赖政府投入作为主要资金来源的模式，以市场需求为导向，通过为中小微企业提供全面专业服务，提高自我创收能力，推动平台可持续发展。大力推进专业镇生产力促进中心建设，逐渐完善省市县镇多级联动生产力促进服务体系，改善中小微企业发展环境，同时发挥国家级示范生产力促进中心和广东省生产力促进中心龙头示范带动作用，指导县镇级生产力促进中心建设，显现体系联动效应，提升平台建设质量和水平。

附录一　广东省专业镇创新网络调查问卷

尊敬的女士/先生：

您好！我们是广东省生产力促进中心广东专业镇技术创新支援中心的研究人员。我们正在进行"广东专业镇创新网络的研究"软科学研究项目，目的是了解广东专业镇创新网络和创新环境，为政府的有关政策提供参考。我们想了解贵企业有关情况，耽误您一点时间，请谅解。

按照《中华人民共和国统计法》，有关企业的资料我们将严格保密。否则，愿承担由此产生的全部责任。

希望能够得到您的大力支持与合作，非常感谢！

调查单位：广东省生产力促进中心

企业名称：_____

一、企业基本情况

1. 企业成立的时间：_____年。
2. 本企业是否是本地出生的企业？是（　　）否（　　）
3. 企业投资的主体是（　　）。
   A. 中央政府投资　　　　B. 地方政府投资
   C. 集体联合投资　　　　D. 私人投资
   E. 中外合资　　　　　　F. 外商独资
   G. 其他企业投资

4. 企业的经济类型是属于（　　）。
A. 国有民营　　　　　　B. 集体民营
C. 联营　　　　　　　　D. 三资
E. 股份　　　　　　　　F. 私营
5. 企业的技术领域是（　　）。
A. 计算机及其配件　　　B. 软件开发
C. 生物医药　　　　　　D. 新材料、新能源
E. 光机电一体化　　　　F. 其他技术领域
6. 企业员工进入企业的主要渠道是（　　）。
A. 公开向社会招聘　　　B. 负责人的私人关系介绍
C. 雇员主动与企业联系
7. 企业主要部门用人来源是（　　）。
A. 企业创始人的亲戚、同学等
B. 通过选拔或竞争上岗　　C. 其他方面
8. 本企业的职工接受培训的地点是（　　）。
A. 本地专门培训机构（职业学校或业余学校等）
B. 在本地大学培训　　　C. 在岗培训
D. 其他地方
9. 企业创业之初的筹资渠道来源是（　　）。
A. 靠企业创始人的亲戚、朋友帮助
B. 靠本地的金融机构贷款
C. 本地的大企业赞助　　D. 在外地的大企业资助
10. 企业在创业发展过程中筹、融资渠道来源是（　　）。
A. 靠企业创始人的亲戚、朋友帮助
B. 靠本地的金融机构贷款　　C. 本地的大企业赞助
D. 在外地银行机构筹集　　　E. 外地的上市企业投资
F. 其他渠道
11. 企业技术创新的来源是（　　）。
A. 企业自主开发　　　　B. 通过引进而不断改进提高

C. 与本地其他制造商联合
D. 购买本地的先进技术成果
E. 购买国内的先进技术成果
F. 购买国际市场上的先进技术　G. 其他方面

12. 企业创新的信息来源是（　　）。
A. 参观本地市场获得　　B. 参观其他区域的企业获得
C. 与供应商的交流获得
D. 其他企业原来的员工跳槽到本企业获得
E. 通过本地的各种媒体介绍
F. 通过本地的各种展览　G. 其他方面

13. 企业的代理商（　　）提供市场和产品信息。
A. 经常　　B. 有时　　C. 从来不

二、企业与供应商的关系

1. 企业的物品供应来源（请在选项中打√）。

	本地	省内	国内	国外
原材料				
新机器设备				
零部件				
其他物品的供应				

2. 企业是否经常与供应商交流信息或思想？是（　　）否（　　）

3. 供应商是否提供其他企业（如区外竞争对手）的市场信息？是（　　）否（　　）

4. 企业与本地供应商的合作关系（　　）。
A. 大部分是长期的　　B. 大部分是暂时的

5. 本企业与本地供应商存在（　　）方面的问题。
A. 供货速度　　B. 方便性　　C. 价格
D. 质量　　　　E. 企业信任度

三、企业转包（分包）和资源外包

1. 本企业是否向其他企业进行过转包？是（　　）否（　　）

　　转包的去向：A．本地企业　　B．国内其他地方的企业
　　　　　　　　C．国外企业

　　转包的性质：A．OEM　　B．ODM　　C．其他

2. 本企业向外转包的动机是（　　）。

　　A．加强专业化　　　　　B．提高产品质量
　　C．减少生产成本　　　　D．缓解资金压力
　　E．加快创新速度

3. 本企业是否接收过其他企业的外包？是（　　）否（　　）

　　接收外包的性质：A．OEM　　B．ODM　　C．其他

　　接收外包的来源：A．本地企业　　B．国内其他地区企业
　　　　　　　　　　C．国外企业

4. 本企业有没有类似国外企业资源外包、共享成功的运作形式？有（　　）没有（　　）

5. 资源外包的内容是（　　）。

　　A．人员　　　　　　　　B．设备
　　C．非主流业务部门委托

四、企业与客户的关系

1. 企业的主要客户分布在（　　）。

　　A．本地　　　　　　　　B．省内
　　C．国内　　　　　　　　D．国外

2. 个人客户分布在（　　）。

　　A．本地　　　　　　　　B．省内
　　C．国内　　　　　　　　D．国外

3. 企业与客户间的关系是基于（　　）。

　　A．商业合同　　　　　　B．社会网络

C. 家族网络

4. 企业与客户是否经常交流信息、思想？是（　　）否（　　）

5. 企业与客户合作的方式是（　　）。

A. 在销售过程中与客户的非正式交流，听取对产品改进的意见

B. 定期或不定期征求有代表性客户的意见

C. 客户主动向企业提出产品创新的意见或建议

D. 通过互联网向客户征求意见或进行交流

五、企业产品市场

1. 主要产品的市场占有率在同行中的位置（　　）。

A. 高　　　　B. 中　　　　C. 低

2. 主要产品的主要销售渠道是（　　）。

A. 直接销售给消费者　　B. 通过批发商销售

C. 通过零售商销售　　　D. 与其他的生产企业联合销售

E. 通过独立的代理机构销售　F. 其他渠道

3. 企业的产品主要出口到（　　）。

A. 美国　　　　　　　B. 日本

C. 欧洲各国　　　　　D. 东南亚各国

E. 其他国家

4. 出口产品占产品总产量的比例为（　　）%。

六、企业与竞争对手之间的关系

（一）竞争关系

1. 企业的主要竞争对手在（　　）。

A. 本地　　　　　　　B. 省内

C. 国内　　　　　　　D. 国外

2. 企业的主要竞争对手是（　　）。

A. 大企业　　　　　　B. 中企业

C. 小企业

3. 企业竞争的主要优势在（　　　）。
   A．产品价格　　　　　B．产品质量
   C．产品设计　　　　　D．快速和及时的传送
   E．售后服务　　　　　F．其他方面

（二）合作关系

4. 相关企业持有贵企业的股份吗？是（　　　）否（　　　）
5. 贵企业持有相关企业的股份吗？是（　　　）否（　　　）
6. 本企业与本地其他企业有（　　　）合作。
   A．租借机械设备　　　　B．共同进行市场营销
   C．联合培训工人　　　　D．其他
7. 企业间进行合作的主要原因是（　　　）。
   A．提高专业化程度　　　B．提高产品质量
   C．降低成本　　　　　　D．降低风险
   E．共同开拓市场　　　　F．增加信息渠道
   G．其他方面
8. 本企业的人员（　　　）与本地同行的其他企业人员交流思想、讨论问题。
   A．从不　　B．偶尔　　C．经常
9. 您参观过本地同行业的企业吗？（　　　）
   A．从不　　B．偶尔　　C．经常
10. 其他企业来访过你们企业吗？（　　　）
    A．从不　　B．偶尔　　C．经常
11. 企业之间的联系经常来自（　　　）。
    A．家族或亲戚的关系　　B．企业的邻近关系
    C．高层管理者、工程师之间的私人关系
    D．本地协会或政府组织的会议上交流
    E．其他渠道

七、企业与中介服务机构关系

1. 本企业是否属于本地的企业协会或者行业协会？是（   ）否（   ）

2. 参加本地企业协会（行会）的动机是（   ）。
   A. 了解市场信息　　　B. 获得法律咨询服务
   C. 获得技术服务　　　D. 获得劳动力培训
   E. 规范同行业企业的市场行为，防止恶性竞争
   F. 了解政策的变化　　G. 其他原因

3. 请评估企业与以下中介组织机构的联系程度（请在各选项下打√）。

	从不	有时	经常
生产力促进中心			
专业镇技术创新中心			
各类行业协会、商会			
共性技术中心			
会计师事务所			
律师事务所			
其他中介机构			

八、企业与高校或科研机构关系

1. 企业是否由本地的院校衍生？是（   ）否（   ）

2. 企业是否同高校或科研机构进行过合作？是（   ）否（   ）

3. 企业与大学的合作方式主要是（   ）。
   A. 直接转化本地院校的技术成果
   B. 与院校联系进行技术合作开发
   C. 聘请院校专家到企业做顾问或咨询人员
   D. 企业员工在本地大学在职学习（如读 MBA）

E. 院校中的学生或研究人员在企业兼职

F. 企业管理者或技术人员经常同院校人员进行非正式的交流

G. 其他方式

4. 广东地区智力密集以及特殊文化环境对于本企业的创新（　　）。

A. 非常重要　　　　　　B. 比较重要

C. 不重要　　　　　　　D. 没有感觉到

九、企业与本地政府的关系

1. 政府在企业创新中的作用（　　）。

A. 非常重要　　　　　　B. 比较重要

C. 不重要　　　　　　　D. 没有感觉到

2. 企业获得的重要的政策支持有（　　）。

A. 资金支持（贷款或投资政策）

B. 税收优惠政策　　　　C. 职工培训政策

D. 产品出口政策　　　　E. 人才引进政策

F. 其他方面的政策

3. 您认为政府职能应改进的措施是（　　）。

A. 加大优惠政策力度（如实施差别利率的政策和政府采购等）

B. 转变政府职能，提高办事效率

C. 采取地方贸易保护主义

D. 改善交通、通信等基础设施

E. 打击盗版　　　　　　F. 建设文化环境

G. 加快科教体制改革　　H. 积极建立职工培训服务体系

I. 其他方面的工作

十、专业镇创新环境的评估

1. 与过去相比，您认为专业镇内的创新环境（　　）。

A. 好　　　　　　　　　B. 差

C. 差不多　　　　　　　D. 没有可比性

2. 与北京、江浙等地区的城市相比，您认为专业镇内的创新环境（　　）。

A. 好　　　　　　　　B. 差

C. 差不多　　　　　　D. 没有可比性

3. 请您评估专业镇内的区域环境（请在各选项下打√）。

	强（高、多）	弱（低、少）
劳动力的获得机会		
劳动力的成本		
专业化程度		
服务的方便程度		
信息获得的机会		
与本地企业的合作程度		
中介机构的支持程度		
本地的科学技术水平		
产品质量提高的可能性		
市场营销成功的程度		
获得信誉的可能性		
其他		

4. 当前制约企业创新的外部环境因素主要是（　　）。

A. 投融资环境　　　　B. 人才环境

C. 技术环境　　　　　D. 市场环境

E. 社会文化环境

F. 法制环境（如知识产权保护）

G. 其他环境

5. 如果本企业不在本地创业和发展，会取得现在的成果吗？是（　　）否（　　）

6. 请对贵企业在本地网络中的各个关系的重要性进行排序（最重要者为1，依次类推）。

与其他中小企业	与大企业	与供应商	与客户	与中介机构	与院校	与政府

7. 本企业的技术、市场和劳动力信息来源排序。

社区网络	家族和个人网络	政府机构	正式商务网络	各种媒体	其他

8. 请列出本企业在本地发展的主要优势和劣势。（请详细填写）

优势：_____。

劣势：_____。

附录二　广东省专业镇创新网络调研企业名单

序号	专业镇名称	特色产业	企业名称
1	江门市蓬江区	摩托车及零配件	江门市大长江集团有限公司
2	江门市新会大鳌镇	集装箱	广东新会中集特种运输设备有限公司
3	江门市开平水口镇	水暖卫浴	开平市水口水暖卫浴技术创新中心
4	汕头市金平区石炮台街道	轻工机械	汕头市新青罐机有限公司
5			广东金玉兰包装机械有限公司
6			广东达诚机械有限公司
7			广东粤东机械实业有限公司
8			汕头市华鹰软包装设备总厂有限公司
9			汕头市凹凸包装机械有限公司
10	东莞市横沥镇	模具	东莞市汇英实业投资有限公司
11			忠信制模（东莞）有限公司
12	梅州市丰顺县汤坑镇	电声	丰顺县培英电声有限公司
13			丰顺泰昌电声元件有限公司
14			旺兴达（丰顺）电子有限公司
15			丰顺县骏达电子有限公司

续表

序号	专业镇名称	特色产业	企业名称
16	肇庆市端州区睦岗街道	电子元器件	肇庆市风华高科集团有限公司
17			肇庆鸿信科技有限公司
18			肇庆市立得电子有限公司
19			肇庆市显达电子有限公司
20			肇庆绿宝石电子有限公司
21			肇庆爱晟电子科技有限公司
22	中山小榄镇	五金制品LED	中山市鸿宝电业有限公司
23			木林森股份有限公司
24			中山市光阳电器有限公司
25			中山九州光谷商业公司
26	顺德区伦教街道	木工机械/玻璃机械	广东威德力机械股份实业有限公司
27			新马木工机械设备有限公司
28			佛山顺德林氏玻璃机械设备厂
29	顺德区勒流街道	照明电器	广东本邦电器有限公司
30			广东信华电器有限公司
31			广东凯乐斯光电科技有限公司
32	惠州市惠阳区新圩镇	数字视听	惠阳东美音响制品有限公司
33			惠阳东亚电子制品有限公司
34			惠州超声音响有限公司
35			恒昌涂料（惠阳）有限公司
36			惠州市惠阳区美思奇实业发展有限公司

参考文献

[1] 邵念荣. 专业镇研究综述 [J]. 当代经济, 2009 (7): 166-168.
[2] 周海涛, 郑海涛. 广东专业镇技术创新网络构建研究 [J]. 科技管理研究, 2005, 25 (6): 6-9.
[3] 郑海涛, 刘玲. 广东产业集群的创新网络演化路径研究 [J]. 科技管理研究, 2008 (8): 1-4.
[4] 马歇尔. 经济学原理 [M]. 廉运杰, 译. 北京: 华夏出版社, 2007.
[5] 陈柳钦. 产业集群与产业竞争力 [J]. 经济学研究, 2005 (5): 15-16.
[6] 阿尔弗雷德·韦伯. 工业区位论 [M]. 李刚剑, 陈志人, 张英保, 译. 北京: 商务印书馆, 1997.
[7] 迈克·E. 波特. 簇群与新竞争经济学 [J]. 郑海燕, 译. 经济社会体制比较, 2000 (2): 22.
[8] 仇保兴. 小企业集群研究 [M]. 上海: 复旦大学出版社, 1999.
[9] 王缉慈. 地方产业战略 [J]. 中国工业经济, 2002 (3): 50.
[10] 盖文启. 创新网络——区域经济发展新思维 [M]. 北京: 北京大学出版社, 2002.
[11] 傅家骥. 技术创新学 [M]. 北京: 清华大学出版社, 1998.
[12] Malecki E. J. New firm formation in the USA: corporate structure and policy considerations [J]. Entrepreneurship and Regional Development, 1990 (2): 247-265.
[13] Malecki E. J. Technology & Economic Development: The Dynamic of local, Regional and National Competitiveness [M]. Essex: Addison Wesley Longman Limited, 1997.
[14] Harland C. Networks and Globalisation Review [C]. Wiltshire: Engineering and Physical Sciences Research Council, 1995: 21-23.
[15] 赵慕兰, 等. 历史的创举: 历史科技工业园区研究 [M]. 北京: 海潮出版社, 1997.

[16] 李克杰. 产业集群区域创新网络研究 [D]. 广州：暨南大学，2006.

[17] 黄海云. 区域创新网络的构建及运行研究 [D]. 福州：福州大学，2006.

[18] 骆建栋. 产业集群合作创新网络的结构和运行机制研究 [D]. 长沙：湖南大学，2009.

[19] 徐盟. 产业集群内创新网络运行机制研究 [D]. 济南：山东大学，2009.

[20] 颜建军. 企业集成创新网络构建及机制研究 [D]. 长沙：中南大学，2009.

[21] 林涛. 产业集群合作行动 [M]. 北京：科学出版社，2010.

[22] 马鹤丹，孙洁. 区域创新网络模式的比较 [J]. 大连海事大学学报（社会科学版），2011，10（1）：44-47.

[23] 佚名. 创新驿站缘起：欧盟创新驿站 [J]. 中国高新区，2009（4）：13-14.

[24] 何科方，钟书华. 中国创新驿站建设的背景、现状与趋势 [J]. 情报杂志，2011，30（4）：55-59.

[25] 陆晓春. 激活创新之源 成就创业之梦——上海研发公共服务平台建设纪实 [M]. 北京：化学工业出版社，2010.

[26] 钟坚. 台湾新竹科学工业园区的特色与启示 [J]. 深圳大学学报（人文社会科学版），1997，14（4）：26-32.

[27] 梁茹，周宇英. 构建广东专业镇创新网络国外经验借鉴 [J]. 科技导报，2012，30（24）：11.

[28] 王珺. 论专业镇经济的发展 [J]. 南方经济，2000（10）：9-11.

[29] 刘朝刚，林涛，葛小南. 创新型专业镇——广东城镇创新驱动发展之路 [M]. 北京：经济科学出版社，2013.

[30] 王珺. 广东专业镇经济的类型与演进 [J]. 广东商学院学报，2001（4）：35-40.

[31] 王珺. 产业组织的网络化发展——广东专业镇经济的理论分析 [J]. 中山大学学报，2002，42（1）：89-95.

[32] 王珺. 技术创新与集群发展——我国专业镇经济的技术创新机制研究 [M]. 北京：经济科学出版社，2008.

[33] 陆剑宝. 基于产业分类的广东专业镇经济发展现状分析 [J]. 科

技创业, 2006 (8): 3-4.

[34] 黄程, 符正平. 珠江三角洲地区企业集群的分类及其特征 [J]. 管理论坛, 2003, 15 (3): 59-61.

[35] 南方网. 专业镇成为区域经济增长重要引擎 [EB/OL]. http://epaper.nfdaily.cn/html/2013-06/24/content_7200529.htm.

[36] 刘卸林, 高太山. 中国区域创新能力报告2012 [M]. 北京: 科学出版社, 2012.

[37] 黄爱华, 谭雅娟. 基于产业集群的广东区域创新体系研究 [J]. 经济师, 2006 (8): 260-261.

[38] 刘艳, 吴剑辉. 广东企业技术创新主体地位的实证分析 [J]. 广东行政学院学报, 2010, 22 (1): 80-83.

[39] 广东省科技厅. 广东科技年鉴 (2013年卷) [M]. 广州: 广东人民出版社, 2014.

[40] 李妍. 广东科技中介服务机构发展现状与对策研究 [J]. 广东科技, 2012, 14 (8): 77-80.

[41] 肖新友, 聂鸣. 中介服务机构在区域创新网络中的地位与作用研究 [J]. 科技管理研究, 2007 (4): 40-41.

[42] 广东省科技厅. 广东省科技服务业发展情况报告 (2012年) [R]. 广州: 广东省科技厅, 2013.

[43] 卢金贵, 陈振权. 广东科技金融工作的实践及对策研究 [J]. 科技管理研究, 2010 (24): 7-10.

[44] 中国网. 广东高新区加快创新发展战略提升 [EB/OL]. http://finance.china.com.cn/roll/20130316/1333258.shtml.

[45] 何慧芳, 胡品平. 广东省高新区SWOT分析与对策研究 [J]. 科技管理研究, 2012 (24): 96-99.

[46] 孙劭方, 侯林春. 培育我国高新区创新网络的制度创新研究 [J]. 决策咨询通讯, 2007 (5): 48-49.

[47] 胡洪. 广东民营科技园区区域创新网络研究 [D]. 广州: 暨南大学, 2008.

[48] 南方网. 广东全省民营科技企业工业总产值3000亿元 [EB/OL]. http://tech.southcn.com/t/2012-01/16/content_36515371.htm.

[49] 王韧, 周浩泉, 郭凤志. "哑铃型"国际科技合作模式在广东省的探索和实践 [J]. 科技成果管理与研究, 2006 (6): 27-30.

[50] 李菁, 石福华. 泛珠三角区域科技联席会议机制是建设创新型国家的有益尝试 [J]. 科技管理研究, 2013 (18): 43-48.

[51] 陆剑宝, 梁琦. 多元主体推动的产业集聚演进 [J]. 广东科技, 2012 (6): 44-49.

[52] 周宇英, 林雄. 基于农业专业镇的广东"三农"优化发展对策 [J]. 广东农业科学, 2013 (21): 193-195.

[53] 杨凤. 广东省部产学研合作动力与合作模式分析 [J]. 科技管理研究, 2011 (3): 92-95.

[54] 樊霞, 朱桂龙. 区域创新网络与广东省产学研合作对策研究 [J]. 科技管理研究, 2008 (12): 188-189.

[55] 李岱素. 广东省部产学研战略联盟合作机制研究 [J]. 中国科技论坛, 2011 (1): 38-41.

[56] 任丽梅, 黄斌. 云创新——21世纪的创新模式 [M]. 北京: 中央党校出版社, 2010.

[57] 苏屹, 姜雪松. 高技术企业云创新系统构成主体与运行过程研究 [J]. 科研管理, 2013, 34 (12): 144-147.

[58] 张玉明. 云创新理论与应用 [M]. 北京: 经济科学出版社, 2013.

[59] 周宇英, 陈金德, 徐军. 广东专业镇创新网络云模式构建研究 [J]. 科技进步与对策, 2015 (7): 54-57.

[60] 刘启强, 周宇英. "1+N", 调动N个社会力量的协作创新服务 [J]. 广东科技, 2013, 22 (5): 24-27.

[61] 李建国, 毛承洁, 刘晓, 等. 学术信息服务平台的研究与设计 [J]. 华南师范大学学报 (自然科学版), 2012, 44 (3): 51-54.

[62] 蔡志峰, 区咏莹, 陈建鸿. 广东省专业镇技术创新资源中心网络平台设计 [J]. 电子世界, 2013 (12): 148.

[63] 蔡志峰, 方伟坚, 徐军. 基于SOA的服务库研究与设计 [J]. 电子世界, 2014 (12): 142-143.

[64] 张展生, 伍晓玲, 李敬辉. 广东省专业镇转型升级专家服务团队组建与运作模式研究 [J]. 科技管理研究, 2015 (4): 107-110.

[65] 杨勇. 广东省专业镇公共创新服务平台建设研究 [J]. 广东科技, 2011, 16 (8): 1-3.

[66] 薛捷. 广东专业镇科技创新平台的建设与发展研究 [J]. 科学学与科学技术管理, 2008 (9): 87-91.

[67] 邓衢文，李纪珍，诸文博. 荷兰和英国的创新平台及其对我国的启示 [J]. 技术经济，2009（8）：11-16.
[68] 王珺. 广东专业镇技术创新服务平台运作机制与作用研究 [M]. 北京：经济科学出版社，2013.
[69] 张振刚，陈志明，余传鹏，等. 中小微企业技术创新公共服务平台的建设与发展 [J]. 技术经济，2014，33（1）：24-32.
[70] 刘启强，宋子夷，张行. 致力"专精特新"的产业发展生力军——专业镇中小微企业服务平台走访速记 [J]. 广东科技，2013（3）：36-41.
[71] 肖传亮. 广东专业镇产业集群发展人才策略研究 [J]. 商业时代，2009（11）：118-119.
[72] 肖传亮. 广东产业集群持续发展人才匹配机制创新研究 [J]. 经济论坛，2008（3）：23-26.
[73] 张玉明，王洪生. 基于云创新的政府管理创新研究 [J]. 东南学术，2014（2）：73-78.
[74] 黄炳贺. 突破发展瓶颈：产业与企业的转型升级 [M]. 北京：清华大学出版社，2014.
[75] 周宇英，陈金德，罗祥. 广东省专业镇中小微企业服务平台评价指标体系研究 [J]. 科技管理研究，2014（6）：66-69.
[76] 王琼辉，刘杰. 上海研发公共服务平台绩效的 AHP 评价指标体系研究 [J]. 上海商学院学报，2009（1）：87-89.
[77] 李仁安，等. 武汉市科技创新投融资平台评价指标体系研究 [J]. 武汉理工大学学报（交通科学与工程版），2005（2）：252-255.